JN213061

テキスト

現代企業論

第5版

鳥居 陽介 編著

同文舘出版

第5版によせて

第4版は，日本における株主価値経営の台頭，リーマンショック後のその見直しと，経済的価値と社会的価値の同時実現を目指す「共通価値経営」への移行という環境変化に伴い執筆された。第4版の刊行から約10年が経過しているが，基本的にこの流れは変わらないと考えられる。2015年にはSDGsが国連サミットで採択され，企業経営にあたっては，社会的利益や環境保全といった点にも一層配慮することが求められるようになり，投資家もESG投資を促進させるなど，そのような経営を実践する企業を後押しする行動が求められるようになっている（一部米国などでは，反ESGの動きが見られる点には注意が必要）。

第5版では，この流れを踏襲しながら，近年の動向も踏まえ，講の統廃合や内容更新，新たな講の追加を行っている。

まず，「Ⅰ 企業とは何か」において，企業はなぜ誕生したのか，その歴史的背景を振り返るとともに，企業を経営していくにあたってのリスクとリターン，企業の収益・費用構造を確認する。ただし，企業といっても，様々な種類があるため，「Ⅱ 企業形態」では，経営を行っていく「企業」の様々な形態について解説する。

企業が経営を行っていく上で必要なヒト・モノ・カネといった経営資源を獲得するための3つの市場について，「Ⅲ 企業と市場」で説明する。ここで，企業が実施する様々な資金調達方法にも言及する。企業が経営資源を獲得し，それをもとに売上・利益を向上させていくが，さらに規模を拡大させていくためには，他の企業との連携や，海外展開などが行われる場合もある。「Ⅳ 提携・国際化戦略」では，その戦略について言及する。

本書が主な対象とする企業は，「株式会社」である。株式会社のうち上場企業は特に，株主を考慮した経営が求められるようになっている。近年，アクティビストと呼ばれる投資家からの株主利益の増大を求める圧力も増しており，株

主といかに向き合っていくかは重要な経営上の課題である。そのような企業に多大な影響を与える主要株主の動向を確認するため，日本における株式所有構造の歴史的変遷について「Ⅴ 所有と経営」で振り返るとともに，現在の主要株主である機関投資家と関わっていくためのコーポレート・ガバナンスのあり方（会社機関を含む）を「Ⅵ コーポレート・ガバナンスと経営者報酬」で検討する。しかし，Ⅰ・Ⅱで示しているように，企業は上場している株式会社だけではない。日本の企業数でいえば中小企業が全体の99.7％を占め，ベンチャー企業も多数誕生していることから，「Ⅶ 中小企業とベンチャービジネス」では，これら企業に焦点を当てている。

　冒頭で言及したように，社会的利益の創出も現代の企業には強く求められることから，「Ⅷ 企業と社会」において，企業とESG，SDGsとの関わり，人件費をコストではなく投資と位置づける「人的資本」の考え方，ソーシャルビジネスやベネフィットコーポレーションについても新たな講を追加して解説している。全体として，「いかに環境に配慮し，社会に貢献しながら利益を上げていくか」という視点を意識した構成としている点に，本書の特徴がある。

　最後に，本第5版の出版にあたっては，同文舘出版株式会社の青柳裕之氏，佐々木葵氏に多大な尽力を頂いた。記して御礼申し上げたい。

　2024年7月

　　　　　　　　　　　　　　　　　　　　　　　　　　　編　　者

はしがき

　大学での「企業論」をどのような観点から講義すればよいかは，なかなか難しい問題である。というのは，学生諸君がもつ企業のイメージ，企業への思い・関心がそれぞれの時代によって異なるからである。

　1995年頃まで，日本の企業は売上高・資産・シェアの伸びを目指してきた。こうした時代，企業にかかわる人達は，企業の規模，資本の調達ということが最大の関心事であった。したがって，講義も，企業の規模を大きくすることや資本調達の観点から行われた。たとえば，合名会社，合資会社，有限会社，株式会社という企業形態について，資本規模の拡大を目指す事業家がより多くの資本調達を実現すべく形態を変化させていくものだと講義したのである。

　しかし1995年以降，「企業論」の授業で，資本規模，資本調達の観点から企業を論じると，多くの学生が違和感を感じるようになってきた。なぜなら今日の企業は資本を調達させるどころか，逆に資本を返済しているからである。たとえば，借入金の返済，自己株式の取得など資本減量が進んでいる。また資産の売却など規模縮小の企業も相次いでいるのである。

　それでは，どのような観点から現代の企業を論ずれば，学生諸君は違和感なく講義を聴くことができるのであろうか。それはコストの観点からではないかと思われる。

　現代の企業は，規模ではなく利益率の向上を目指して行動している。利益率を向上させるために猛烈にコストを削減しているのである。したがってコストの観点から，企業を論ずれば，現代の企業の存在意義や企業の抱える問題などを理解できるのではないかと思われる。本書が一貫して「コスト」を強く意識しているのはそれ故なのである。

　それでは，なぜ現代の企業は猛烈にコストを削減して，利益率の向上を目指しているのであろうか。それは「市場」，とくに「株式市場」から英米の機関投資家に監視されているからである。監視は，彼らが投資している資本が確実

に合理的にリターンをあげているかという観点から行われている。機関投資家は，リターンが保証されていれば投資を継続するが，保証されないならば取締役会を通じて直接，経営者に注文をつける。そしてそれでも改善が見られなければ市場を通じて株式を売却して，退却するのである。このように現代の企業は，株式市場をはじめ，労働力市場，商品・サービス市場と深いかかわりを有しているのである。本書が「コスト」に加えて，一貫して「市場」を強く意識しているのは，このような企業を取り巻く環境が存在しているからである。

（中　略）

　本書は，恩師・水越　潔先生の門下生と坂本恒夫が主催する現代財務管理論研究会のメンバーを中心に執筆されている。日頃の研究会活動で議論したことを踏まえて，現代企業の本質，企業の諸形態，抱える問題を論じている。また本書の完成には若き助手，リサーチアシスタントの諸君の協力が不可欠であった。小生が学務，教務，雑務で多忙をきわめた折，森谷智子，林　幸治，趙丹の諸君は献身的に校正などの業務をこなしてくれた。感謝を述べたい。

　最後になったが，本書の刊行にあたっては，同文舘の市川良之氏，田村純男氏および長島晴美さんには大変お世話になった。記して御礼を申し上げたい。

2004 年 4 月 25 日

編　　者

目　　次

I　企業とは何か

企業の誕生

1 産業の発展と企業の誕生
- 企業とは、「基本的には交換を前提として財・サービスを生産し、供給するといった経済的機能を、複数の人々の協働によって実現するシステムである」
- 生産様式の変遷
手工業経営→問屋制工業→工場制工業

2 企業の分類
- 出資者の違いによる分類：私企業、公企業、公私合同企業（公私混合企業）
- 営利を目的とするかによる分類：営利企業、非営利企業
- 出資者が個人か複数かによる分類：個人企業、共同企業
- 共同企業には、持分会社（合名会社、合資会社、合同会社）と株式会社がある。
  ＊現在、合名会社、合同会社、株式会社は、出資者1名での会社設立が可能
- 「企業」という大きな枠組みの中に「会社」が存在

3 経営とは何か
- 経営とは、「一定の制度的環境の下で、なんらかの経済原則にしたがって生産経済活動を営む独立的な組織単位をなしている（その組織体をいかに円滑に運営していくか）」
- 経営学の発展＝巨大組織の誕生、その中で発生した問題にいかに対処するかを検討

4 現代の企業を取り巻く環境と本書の位置づけ
- 本書で取り扱う企業：上場している株式会社が中心
- 現代の企業経営には、いかに環境に配慮し、社会に貢献しながら利益を上げていくか、という視点が特に重要

1 産業の発展と企業の誕生

　企業とは何か。例えば，大月ほか［1997］では，「基本的には交換を前提として財・サービスを生産し，供給するといった経済的機能を，複数の人々の協働によって実現するシステムである」[1]と定義している。

　企業の誕生は，産業の発展と密接に関わっている[2]。

　中世における経営形態は，自ら工具や材料などの生産手段を所有し，それをもとに生産・販売する「手工業経営」であった。手工業者は，親方，職人，徒弟という3つの階層に分かれ，訓練を経て階層が上がっていく。生産技術はそれほど高くはなく，また，家計から経営は独立しておらず，所有と労働が一致していたため，「営利のための営利の追求」は行われず，各手工業者の身分に応じた生計を維持するために必要な所得を獲得するというものであった。

　このような状態でも次第に生産技術が進歩し工程が複雑になると，その工程別の分業化が行われるようになり，大きな資本を必要とする工程の親方が他の弱小の親方を支配するようになってくる。また一方で，市場の範囲が他の地方，さらには海外にまで拡大していくと，手工業者はその拡大に対応するほどの知識や資本を持たないため，「商人」が原材料の買い付けや製品販売に介在するようになってくる。この状態が，「問屋制工業（問屋制家内工業）」である。これは，企業の始まりのような形態をなしており，資本力の強い親方または商人が問屋となる。問屋は流通資本と市場機会の知識を所有するため，手工業者に対して原料を配給し，その製品の買い入れ独占の権利を持つようになる。手工業者は原料の前渡しを受け，引き渡した製品の価格から原料代を差し引かれる，という原料前渡しの制度によって，問屋に対する半永久的な債務関係を負うこととなり，問屋に従属することとなった。問屋制工業においても，生産は手工業者の各家庭において行われるという体制であったが，生産物の種類や量の決定権は，手工業者ではなく問屋が持つようになった。その後，市場の拡大に伴い，生産量が増大するとともに原価切下げ要求が高まっていき，手工業者の作業は分業に向かって単純化され，機械化が促進されていった。それら機械は高価であるため，手工業者が購入することが困難であった場合，問屋が機械を購

入し手工業者に貸与していた。その結果，徐々に生産手段の所有と労働の分離が生じるようになるとともに，賃加工制が採用されるようになり，手工業者は賃金労働者へと変化していった。

　問屋制工業は，産業革命を契機として，「工場制工業」に発展していく。これまでの規制の撤廃と貿易，海運，銀行，保険の発展とともに商業活動が活発化していき，資本を提供し経営も担当する機能資本家という意味での「企業家」が出現した。企業家がリスクをとって新しい生産技術を導入し，多数の賃金労働者を雇用し，指揮管理を行う職能を担うことによって，工場制工業へと移行していったのである。工場制工業は，多数の生産者が1つの工場に集中し，企業家の直接の指揮管理のもとに分業と協業が行われること，生産に機械を利用すること，賃金労働者を雇用すること，を特徴としている。全工程を担うには労働者・機械ともに相応の技術が求められるが，工程を細分化・標準化することで，熟練工でなくても作業が可能になる上，当初は初心者であった作業者の熟練度が向上し，ある作業から別の作業へと移る時間の節約にもつながる。また，分化された工程であれば機械化も推進され，企業全体として効率的な生産が可能となる。

　設備・機械による生産が生産性を劇的に向上させることになるが，そのようなものを導入するにはさらに多額の資本を必要とし，規模の経済を働かせるためには経営を大規模化していくことが求められる。これを実現させるためには，多額の資本を調達することができる会社形態の存在が必要になる。さらに，大量に生産した製品を販売できる，安定した大量の市場を確保する必要が出てくる。このような，外国への販路拡大と大規模資本を必要とした工場制工業の進展が，鉄道や海運といった交通経済と貿易に関わる銀行保険業を発展させるとともに，企業形態・会社形態の発達を促した。

2　企業の分類

　企業といっても，事業の目的や出資者の違いなどから分類することができる。出資者が私人なのか公人なのか，という違いから，私企業，公企業，公私合

同企業（公私混合企業）に分類できる。私企業は，私人が出資し経営を行う企業形態を指す。公企業は，政府または地方公共団体が出資者として経営を行う。公企業と私企業の中間形態であるのが公私合同企業（公私混合企業）で，政府や公共団体と私人，あるいは私的団体の共同出資により営まれる企業を指す。例えば日本銀行は，出資の過半数を政府が行い，事業の方針や最高人事権は政府が保有するという企業形態であり，事業内容の公共性が強い場合に採用される[3]。NTT や JT，日本郵政などは，公企業から公私合同企業へ転換されている（各社，2024 年 3 月末時点の政府および地方公共団体の所有株式数の割合は，おおよそ 33% となっている）。

　私企業は，営利を目的とするかどうかで，営利企業と非営利企業に分類できる。非営利企業には，例えば協同組合や相互会社などが挙げられ，これらは主に会員からの出資によって運営される[4]。

　また，出資者が個人なのか複数なのかによって，個人企業と共同企業という分類方法もある。個人企業（個人事業主）は，一個人が資本を出資し経営を行う企業で，所有と経営（出資者と経営者）が一致している。機動的な意思決定ができる一方，資本力や生産能力等には限界がある。この個人企業の限界を克

図表 1-1　　主な企業形態

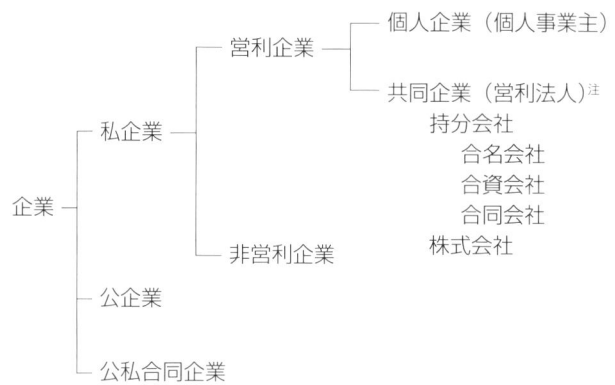

注：現在，合名会社，合同会社，株式会社は出資者 1 名で設立可能となっているため，共同出資
　　ではない場合もある。
出所：大槻ほか［1997］44 頁，宮下［2016］などをもとに筆者作成。

服するのが，複数人が出資する共同企業である。共同での出資を可能にした形態に，合名会社，合資会社，合同会社（これら3形態は持分会社と呼ばれる），株式会社があるが，2006年に会社法が施行されて以降，合資会社を除いたこれらの会社は出資者1人で設立することができるため，合名・合同・株式会社であっても共同出資ではない場合もある[*5]。

このように，「企業」という大きな枠組みの中に，合名会社，合資会社，合同会社，株式会社といった「会社」が存在している。会社形態については，「Ⅱ 企業形態」で詳細に説明する。

3 経営とは何か

占部・加護野［1997］は，経営学の対象とする経営を，「一定の制度的環境の下で，なんらかの経済原則にしたがって生産経済活動を営む独立的な組織単位をなしている（その組織体をいかに円滑に運営していくか：括弧内筆者加筆）」と定義している。ここでの「一定の制度的環境」とは，経済体制を資本主義経済と社会主義経済に分類するのであれば，社会主義体制では，生産手段の所有は社会化され，国民経済的計画性が経営原則を支配するのに対し，資本主義経済体制では，生産手段は私有で，自由経済体制のもとに営利原則が経営原則を支配する，といったように，制度的環境の違いが経営にも影響を与えることを指す。「経済原則」とは，収益と費用の差額である利潤，あるいは一定の投下資本に対して利潤の最大化を図る資本収益性の原則などであるが，今日の経営においては，企業の社会的責任の側面も考慮することが求められている。「生産経済」とは，農林水産業のような第一次産業，製造業や建設業といった第二次産業，流通業や金融保険業といった第三次産業など，有形・無形のサービスを生産する経済活動を行うことを指す。「組織単位」とは，複数人が共通の目的のために協働する組織であり，経営学はこのような組織をいかに円滑にするかを検討する[*6]。

経営学の発展は，巨大組織が生まれたことに関係している。前述のように，19世紀後半から20世紀初頭にかけて，産業革命を成功させた国々では大量生

産とその供給を実現させるために会社組織が急速に巨大化していった。その中で発生した問題が，効率よく生産・販売するために，組織をどうまとめるか，組織メンバーにやる気を与えるにはどうしたらよいか，といったような「いかにして巨大組織を動かしていくか」というものであった。この課題に対応しようとするのが経営学であるが，現在，経営学はそこから派生して，大企業だけでなく中小企業やベンチャー企業，営利を目的としない NPO 法人といった組織も対象となっている[7]。本書では「Ⅶ 中小企業とベンチャービジネス」「Ⅷ 企業と社会」において，これらの組織等についても言及する。

4 現代の株式会社を取り巻く環境と本書の位置づけ

「企業」には様々な形態があるが，本書で取り扱う企業は，上場している株式会社が中心となる。株式会社の出資者は株主となり，株主総会における議決権を保有する。多数の株式を保有する主要株主は，当該企業の経営に多大な影響を与える。

バブル崩壊後，外国人機関投資家の台頭によって，日本でも株主の利益を重視した経営が求められるようになった(日本における株式所有構造の変遷は「Ⅴ 所有と経営」を参照)。上場企業は特に，株主から利益向上が強く求められている。アクティビストと呼ばれる投資家からの株主利益の増大を求める圧力も増しており，株主と真剣に向き合わなければならない（現在の主要株主である機関投資家と関わっていくためのコーポレート・ガバナンスのあり方，会社機関の設計については，「Ⅵ コーポレート・ガバナンスと経営者報酬」を参照）。一方で東京証券取引所は，2023 年に「資本コストや株価を意識した経営の実現に向けた対応について」を公表し，プライム・スタンダード市場に上場しているすべての会社に対して資本コストや資本収益性を意識した経営を実践することを要請し，PBR(株価純資産倍率)1 倍割れの改善を上場企業に求めており，言い換えると，取引所からも株主利益の向上が求められているということである[8]。

市場での競争にもさらされる企業は，その中で効率的に利益を上げられるよ

う様々な努力を行っている（企業が関わっていく労働力市場，商品・サービス市場，資本市場との関係については，「Ⅲ 企業と市場」を参照）。しかし，高度経済成長期のように作れば売れる時代ではなくなっており，簡単に利益を上げられない。そこで，企業同士が提携関係を結んでいくという選択肢も検討される。技術提携，生産提携，販売提携などによって，競争優位の獲得やシナジー効果の発揮，コスト削減などを目指す。その提携関係がより強化されるのが経営統合，M&A であり，近年の M&A 件数は増加している[*9]。提携関係の強化や海外展開については，「Ⅳ 提携・国際化戦略」において詳細に解説している。

　営利企業としての株式会社においては，利益の向上は当然に求められるものであるが，リーマンショックに端を発する世界同時不況により，株主利益だけを求めるのではなく，様々なステークホルダーを意識した経営，経済的価値だけでなく社会的価値も同時に追求する「共通価値経営」が注目されるようになっている（企業による ESG，SDGs との関わり，人件費をコストではなく投資と位置づける「人的資本」の考え方等は，「Ⅷ 企業と社会」において検討している）。現在の企業経営は，企業の存在意義を示す「パーパス」という言葉が登場しているように，いかに環境に配慮し，社会に貢献しながら利益を上げていくか，という視点が特に重要になっている。

注

* ＊1　大月ほか［1997］43 頁。
* ＊2　以下の生産様式の変遷は，占部・加護野［1997］4 - 13 頁をもとに作成。
* ＊3　大月ほか［1997］50 頁。
* ＊4　宮下［2016］6 頁。
* ＊5　創業手帳ホームページ〈https://sogyotecho.jp/hitori-kaisya-tools/〉（2024 年 4 月 29 日）。
* ＊6　占部・加護野［1997］2 - 4 頁。
* ＊7　明治大学経営学研究会［2015］1 頁。
* ＊8　東京証券取引所［2023］。
* ＊9　しかし，それが行き過ぎると「独占」という問題が発生し，独占禁止法に抵触すると指摘される可能性もあるので，注意が必要である。

参考文献

上田隆穂・榊原健郎編著［2023］『グラフィック経営学入門』新世社。
占部都美著，加護野忠男補訂［1997］『経営学入門（改訂増補）』中央経済社。

大月博司・高橋正泰・山口善昭［1997］『経営学―理論と体系―（第二版）』同文舘出版。

加護野忠男・吉村典久編著［2012］『1 からの経営学（第 2 版）』碩学舎。

東京証券取引所［2023］「資本コストや株価を意識した経営の実現に向けた対応について」〈https://www.jpx.co.jp/equities/follow-up/jr4eth0000004vj2-att/jr4eth0000004w6n.pdf〉（2024 年 4 月 17 日）。

藤芳誠一監修，藤芳明人・松村洋平・谷井　良著［2000］『新経営基本管理』泉文堂。

宮下幸一［2016］「第 1 章 企業の概念と株式会社」桑名義晴・宮下幸一編著，桜美林大学ビジネスマネジメント学群著『テキスト現代経営入門』中央経済社。

明治大学経営学研究会著［2015］『経営学への扉（第 5 版）』白桃書房。

企業とリスク・リターン 第2講

1 本章におけるリスクとリターン
- リターン：損益計算書に見る5つの利益（収益－費用＝利益）
- リスク：利益の変動性

2 損益計算書に見る5つの利益
①利益の意味⇒
- （1）売上総利益：財・サービスの販売によって獲得された利益
- （2）営業利益：本業の収益から生み出される本業の利益
- （3）経常利益：営業利益と金融損益からなる，通常業務を通じて稼得される利益
- （4）税引前当期純利益：経常利益に臨時の損益を加えた，1年間に稼得される利益
- （5）当期純利益：株主に帰属する最終利益

②損益計算書と貸借対照表の関係
- 支払利息⇒債権者／配当金⇒株主／内部留保（株価上昇要因）⇒株主
- 純利益の成長⇒純資産の成長：損失の発生⇒純資産の減少

3 収益・費用構造の変化
①費用削減の方法：（1）支払利息の軽減／（2）変動費の削減／（3）人件費増加の抑制

②損益分岐点分析
- 損益分岐点売上高：利益ゼロの売上高
- 固定費：売上高の変動に関係なく発生する費用
- 変動費：売上高の変動に応じて変動する費用

③営業レバレッジ度と財務レバレッジ度（事業リスクおよび財務リスクの指標）
- 営業レバレッジ度（DOL）＝（営業利益＋固定費）÷営業利益
- 財務レバレッジ度（DFL）＝営業利益÷（営業利益－支払利息等）
- 総レバレッジ度（DTL）＝（営業利益＋固定費）÷（営業利益－支払利息等）

4 企業成長の方向性
①製品－市場ミックスに見る4つの基本戦略
- 市場浸透戦略（現製品－現市場）
- 市場開発戦略（現製品－新市場）
- 新製品開発戦略（新製品－現市場）
- 多角化戦略（新製品－新市場）

②日本企業の成長戦略：市場開発戦略と新製品開発戦略に活路

1 本章におけるリスクとリターン

　事業の実施主体がその受け皿として企業を設立するのは，一定の条件を満たす収益の見通しが立ってからである。ここでの一定の条件とは企業活動を維持する条件でもある「収益＞費用」の継続化である。よって，企業の解散を招く条件は「収益＜費用」が常態化することである。それゆえ企業経営者は「収益＞費用」を常に達成することが求められる。

　この収益と費用との差額がプラスである場合，この差額を利益といい，マイナスの場合の差額を損失という。収益，費用，そして利益（あるいは損益）の関係は次式の通りである。

$$収益 - 費用 = 利益（損益）……①$$

　企業にとって利益は事業活動の成果であるため，これを長期にわたりプラス（黒字）にすることが求められる。本章では会社にとっての儲けである利益をリターンと捉える。よって本章でのリターンとは経営成績とも称される，会計上の利益ということになる。

　他方，リスクについてはリターンの変動，すなわち利益の変動と捉える。よって利益の変動幅が大きい場合は相対的な意味で高リスク企業，その変動幅が小さい場合は同様な意味で低リスク企業となる。損益の変動の大きさは，収益を生み出す事業が成長過程にあること，景気動向に敏感なこと，固定費の割合が高いこと等を意味する場合が多い。ただし，リスクをとらずに事業を起こし，売上を成長させ，増益を促し，経済を振興させることはできない。それゆえ，リスクを上手く扱うことは企業の継続と成長，ひいては経済の振興にとって不可欠なマネジメント上のキーファクターとなる。

2　損益計算書に見る5つの利益

①　利益の意味

　ここでは個別財務諸表を念頭に5つの利益の意味について説明する。損益計算の一般式は前節に示した通りだが，損益計算書に示される収益は3種類，費用は5種類あるため，利益も後者に合わせて5種類となる（図表2-1）。

　図表2-1の太字（売上高／営業外収益／特別利益）が収益であり，営業（本業），営業外（金融），特別（巨額かつ臨時）の3種類からなる収益源泉である。代表的な収益源泉は売上高だが，本業の費用が2種類あるため，利益も2種類となる。

(1) 売上総利益＝売上高－売上原価
　売上高は販売される財やサービスの販売代金×数量であり，売上原価は財や

図表2-1　　損益計算書【簡易版】

売上高	1,000
売上原価	550
（1）　売上総利益	450
販売費および一般管理費	200
（2）　営業利益	250
営業外収益	100
営業外費用	50
（3）　経常利益	300
特別利益	50
特別損失	100
（4）　税引前当期純利益	250
法人税等合計額	80
（5）　当期純利益	170

出所：筆者作成。

サービスに関わる仕入および製造費用である。よって，売上総利益とは，売上高から外部取引先へ支払う費用を控除した後の採算性の程度を測る利益（粗利益）といえる。なお売上原価については販売された資産だけが費用化され，未販売分は棚卸資産として貸借対照表に計上される点に留意されたい。

（2）営業利益＝売上総利益－販管費

営業利益は一般に「本業の利益」と呼ばれる。販売費および一般管理費は「販管費」と略記され，販売費用（例：広告宣伝費や営業担当者の給与等）や管理費（例：本社やスタッフ部門の費用）といった組織運営に関わる固定的な費用のことで，売上高の変動に関わりなく発生する傾向のある点が特徴である。

（3）経常利益＝営業利益＋営業外損益

営業外損益とは営業外収益から営業外費用を控除した金額のことで，図表2-1からその金額は50と計算される。

営業外とは本業外であるから副業を連想させるが，その多くは金融業務の損益である。営業外収益の場合，有価証券売却益や受取利息・配当金等から主に構成される。他方，営業外費用は有価証券売却損や支払利息等から主に構成される。本業の利益にこれら本業外の金融収益および費用を加減したものが経常利益となる。経常と同義の言葉である普段，定期的から連想される通り，経常利益は通常のあらゆる業務を通じて稼得される利益と理解される。

（4）税引前当期純利益＝経常利益＋特別損益

経常利益に特別損益を加減したこの利益は，企業が1年をかけて稼得した利益と見なされる。特別損益とは特別利益から特別損失を控除した金額で，図表2-1ではマイナス50と計算される。特別損益とは例外または異常な事象に基づく「臨時」の巨額な損益を指す。特別利益（実態は収益）の具体例としては固定資産売却益がある。固定資産は本来長期使用のために購入される資産で販売対象ではないため，「臨時」扱いとなる。他方，特別損失の代表例は固定資産売却損，自然災害による損失等が挙げられる。

(5) 当期純利益＝税引前当期純利益－法人税等合計額

　これは企業のすべての収益から税金も含めたすべての費用を控除した最終利益であり，すべての利害関係者に成果配分した後の残余であるから，企業（株式会社）の出資者たる株主に帰属する利益となる。当期純利益の特徴は，会社内部に蓄積されることで純資産を増加させる点にある（図表2-2）。

② 損益計算書と貸借対照表の関係

　図表2-2は左側に損益計算書，中央に貸借対照表，右側には資本提供者たる債権者と株主が配置されている。

　プラスの最終利益（当期純利益）は経営成績が黒字であることだけでなく，純資産の増加を通じて企業の規模を成長させる。このことは，損失が発生して赤字となる場合，純資産が減少することを意味しており，この損失発生が常態化あるいは巨額化する場合，純資産がマイナスになりうることを示唆する。利益をプラスにすることだけでなく，それを成長させることは企業成長に欠かせない。マイナスの利益（損失）は純資産の減少を通じて規模縮小をもたらすだけでなく，倒産の可能性を高めることにもなる。

　純資産がマイナスとなることを債務超過（資産合計＜負債）というが，このケースでは，資産売却もしくは外部からの資金流入がなければ会社は倒産して

図表2-2　　資本提供者から見た損益計算書と貸借対照表との関わり

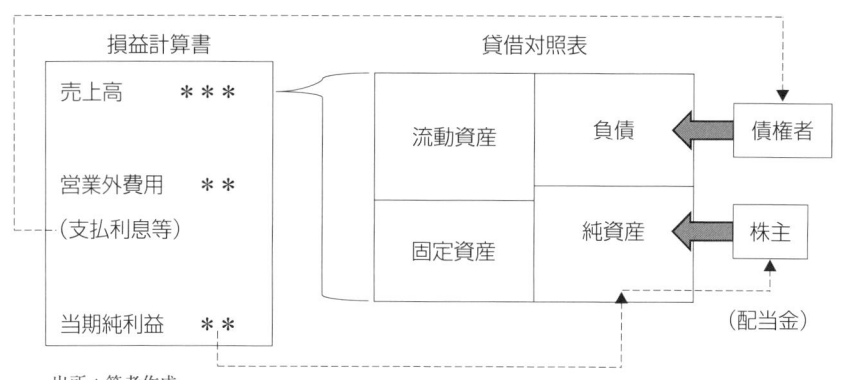

出所：筆者作成。

しまう。利益は成長のためだけではなく，存続のためにも不可欠なのである。

3 収益・費用構造の変化

① 費用削減の方策

　バブル経済崩壊後の 1990 年代において，日本企業の多くは減収・減益状況に陥った。2000 年代中頃に景気はいったん回復したものの，2000 年代後半のリーマンショックを契機に再び減収・減益に陥った。好不況の波を断続的に経験してきた日本企業の多くは，減収下の損失発生を回避するため，収益・費用構造の改善を持続的に推進した。改善の主な内容は次の通りである。

　(1) 金利（支払利息）負担の軽減

　(2) 変動費の削減

　(3) 固定費の増加抑制

　(1)は 1970 年代に訪れた成長経済の終焉による赤字企業の増加が発端となっている。不況の到来と有利子負債（借入金等）の積極利用による金利負担が最終利益の赤字を誘発したことで，日本企業の多くは資本構成の改善（自己資本比率の向上）に着手した。この改善基調は今日まで一貫して継続されている。

　(2)は不況下の費用削減策として一般的な手法であり，その具体的な内容は徹底した無駄の排除と取引先の変更となる。無駄を省く作業は日本企業が得意とする改善活動であるが，アウトソーシングやアライアンスといった他企業との関係構築による経営資源の集中にも同様の効果がある。なお外部取引先の変更は低コストの原材料・部品を調達する上で効果的な手法である。

　(3)は人件費の増加を抑制することである。具体的な手法としては年功的な昇給制度の変更，非正規採用の増加（固定費の変動費化）となる。図表 2 - 3 にある通り，1990 年代中頃以降，付加価値の増減に関わりなく人件費はほぼ横ばいで推移している。他方，付加価値に占める営業利益の割合は 2000 年代以降急激に増加していることから，人件費の増加を抑えて増益を図る日本企業の平均的な姿が確認できる。

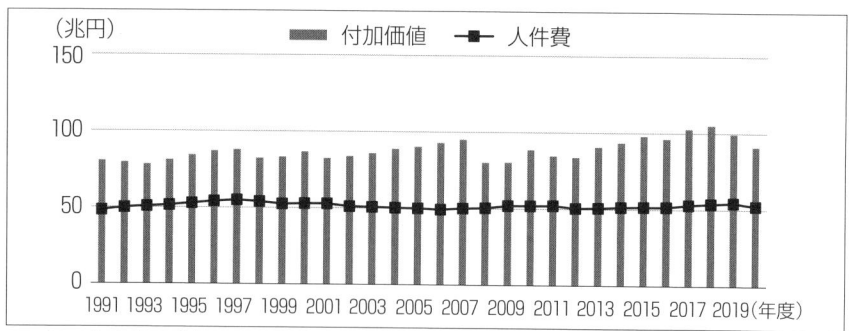

| 図表 2-3 | 付加価値と人件費の推移（1991-2020 年度） |

注1：資本金10億円以上の全産業（金融等除く）。
注2：人件費＝役員給与・賞与＋従業員給与・賞与＋福利厚生費
出所：財務省財務総合政策研究所「財政金融統計月報（法人企業統計年報特集）」各年度版。

② 損益分岐点分析

　本業の収益（売上高）と本業の利益（営業利益）の関係を，固定費および変動費を用いた損益分岐点分析に基づき説明しておこう（図表2-4および図表2-5）。2つの図表の原点を通る45度線は売上高S，切片は固定費，切片から伸びる1次式が変動費である。これら収益・費用から営業利益を導くと，

　　　　　　売上高－（変動費＋固定費）＝営業利益……②

となる。ここで営業利益をゼロと仮定すれば，45度線と変動費の交点が損益分岐点となり，ここから損益分岐点売上高の水準がわかる（③式参照）。

　　　　損益分岐点売上高＝固定費÷（1－変動費÷売上高）……③

　2つの図表は同規模ながら固定費と変動費の割合が異なる企業を想定している。図表間の比較から明らかだが，固定費の割合が大きいほど損益分岐点は高くなり，売上高の変動に伴う損益の変動幅が比較的大きくなる。他方，固定費の割合が小さいほど損益分岐点が低くなるため利益は出やすくなり，売上高の変動に伴う損益の変動幅は比較的小さくなる。以上のことから図表2-4は高固定費の高リスク（ハイリスク・ハイリターン）型の企業，図表2-5は低固定費の低リスク（ローリスク・ローリターン）型の企業であることがわかる。

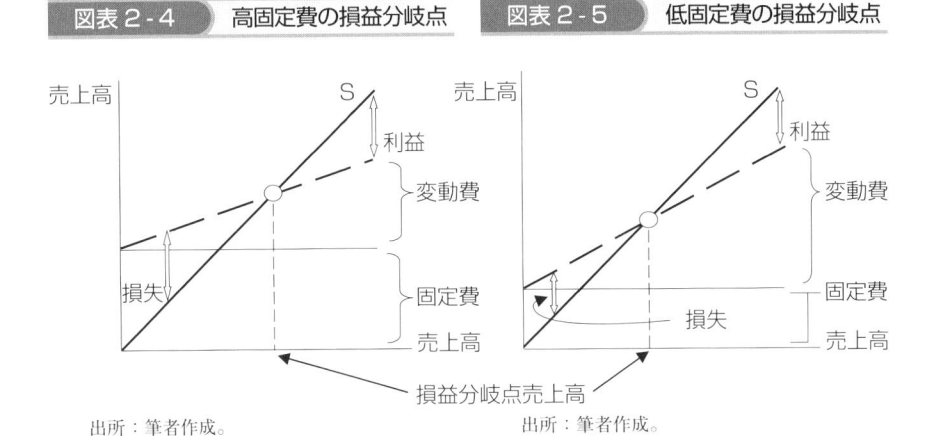

| 図表2-4 | 高固定費の損益分岐点 | 図表2-5 | 低固定費の損益分岐点 |

出所：筆者作成。　　　　　　　　　　出所：筆者作成。

③　営業レバレッジ度と財務レバレッジ度

　損益分岐点分析に登場する固定費は営業利益の変動性に影響を及ぼす。売上高の変動に伴う営業利益の変動の程度を営業レバレッジ度（DOL：Degree of Operating Leveraged）といい，次式で示される。

$$DOL＝（営業利益＋固定費）÷営業利益……④$$

　仮に売上高が2％変化し，DOLが5であれば，営業利益の変化率は10％となる。他方，金利（支払利息）は利払い後利益の変動性に影響を及ぼす。営業利益の変動に伴う利払い後利益の変動の程度を財務レバレッジ度（DFL：Degree of Financial Leveraged）といい，次式で示される。

$$DFL＝営業利益÷（営業利益－支払利息等）……⑤$$

　そしてこれら2指標を合成した総レバレッジ度（DTL：Degree of Total Leveraged）は次式で示される。

$$DTL＝（営業利益＋固定費）÷（営業利益－支払利息等）……⑥$$

　DOLは1998年度の6.77，2008年度の6.72と2度ピークを迎えた後，低下傾向を示している。DFLは金利が急上昇した1993年度の3.71をピークに一貫して低下傾向にある。この結果DTLは1993年度に24.9の高水準となるものの，2010年代においてはDOLとほぼ同値で推移している（図表2-6）。このように，

図表2-6　DOL・DFL・DTL の推移（1991‑2020 年度）

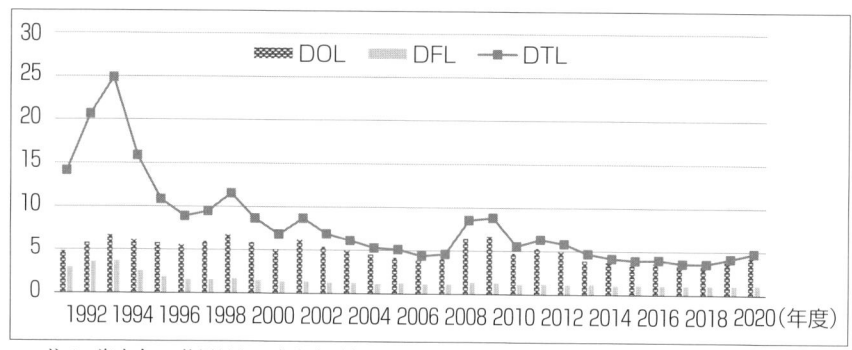

注1：資本金 10 億円以上の全産業（金融等除く）。
注2：固定費＝役員給与・賞与＋従業員給与・賞与＋福利厚生費＋動産・不動産賃貸料＋租税公
　　　課
出所：財務省財務総合政策研究所「財政金融統計月報（法人企業統計年報特集）」各年度版。

日本企業の多くは有利子負債の圧縮と人件費の増加抑制を継続したことで，安
定的な利益獲得を達成したといえる。

4　企業成長の方向性

①　製品‑市場ミックスに見る4つの基本戦略

　これまで見た通り，日本企業の多くは新たな成長機会の探索および実現より
も既存事業の継続およびコスト削減による安定的な利益の獲得（ローリスク・
ローリターン）を戦略の基本路線とし，相応の成果を収めてきた。ただし，こ
の政策なり方針が今後の成功を保証するわけではない。日本を除いた先進国の
安定成長はわが国の付加価値創出力の相対的低下を促しており（例：一人当た
り GDP ランキング低下），アジア諸国はその急成長により日本企業に安価な
労働力を提供する場ではなくなりつつある。それゆえ日本企業の成長可能な方
向を，伝統的な成長戦略の知見をもとに検討しておこう。

　成長戦略の基礎的知見として即座に想起されるのはアンソフの製品‑市場

ミックスである。これは「現在／新規の製品」および「現在／新規の市場」という2軸から4通りの組合せを求め，そこに「成長のための4つの基本戦略」を見出すものである（図表2-7）。

② 日本企業の成長戦略

図表2-7より導かれる4つの基本戦略は次の通りである。

（1）市場浸透戦略（現製品・現市場）例：広告宣伝等による収益拡大等

（2）市場開発戦略（現製品・新市場）例：海外市場への進出

（3）新製品開発戦略（新製品・現市場）例：ファストフードの新メニュー

（4）多角化戦略（新製品・新市場）例：製造業や小売業の金融業進出

これら4つの戦略のうち（1）は新たな成長を狙う際には適切でなく，（4）は不況期に適さず複数業種への事業拡大は統制が困難となるため，（2）および（3）が比較的望ましい選択肢となる。

（2）の市場開発戦略において，かつては労働コスト低減のための製造業による海外進出が多かったものの，他のアジア諸国の高成長および新型コロナウイルス蔓延への対処，為替変動等を考慮すると，必ずしも望ましい選択肢とはいえなくなっている。むしろ少子高齢化による需要減の対策として，収益拡大を狙ったサービス業による人口成長著しい地域への進出が今後いっそう求められよう。

現在，日本で進行中の少子高齢化の波は今後東アジア全域に拡大することが予測されている。この予測に基づいた生産体制の自動化，自動化を含めた高齢

| 図表2-7 | 製品 - 市場ミックス |

	現製品	新製品
現市場	（1）市場浸透戦略 【現製品・現市場】	（3）新製品開発戦略 【新製品・現市場】
新市場	（2）市場開発戦略 【現製品・新市場】	（4）多角化戦略 【新製品・新市場】

出所：経営学検定試験協議会監修［2009］73頁をもとに筆者作成。

者向けサービスの拡充，健康および医療分野への重点投資等が（3）の新製品開発戦略の充実と今後の競争優位構築に不可欠であろう。

　もちろん，着手されるすべての事業が成功を収めるわけではない。需要側のニーズを事業シーズと結びつけ事業化しても，不測の事態や競合他社との競争が激化するにつれて投下される経営資源が増加すれば，投下した資源の回収すら困難になることも予想される。今後の海外進出を念頭に置く場合，進出先の異文化がリスク要因となる可能性は未踏の地であるほど高くなる。医療分野への投資にしてもハイリスクであることが想定されるため，従前のリスク管理の手法ならびに組織体制についても見直す必要が生じるだろう。リスクを上手く扱うための仕組み作りが成長志向のマネジメントにおいて求められる。

参考文献

大阪商工会議所編［2023］『ビジネス会計検定試験公式テキスト3級（第5版）』中央経済社。

経営学検定試験協議会監修，経営能力開発センター編［2009］『経営学検定試験公式テキスト1経営学の基本（第3版）』中央経済社。

財務省財務総合政策研究所「財政金融統計月報（法人企業統計年報特集）」〈https://www.mof.go.jp/pri/publication/zaikin_geppo/hyou07.htm〉（2023年7月25日）。

佐藤　靖・佐藤清和［2000］『キャッシュ・フロー情報―ブームの異現象を超えて―』同文舘出版。

Ⅱ　企業形態

ソキエタス，コンメンダ，パートナーシップ，東インド会社

第 3 講

1 ソキエタス
- 12～13世紀頃，中世ヨーロッパの諸都市の陸上商業において自然発生的に形成
- 離れた土地で商館を構える商人同士が互いの特産品を相互に仕入れて販売する共同経営を模索した結合関係
- 全社員の無限責任制
  - →現在の合名会社形態の形成
- 英国ではパートナーシップとして展開

2 コンメンダ
- 13～15世紀，ヨーロッパの諸都市における海上商業の主要な企業形態
- 9世紀にはすでに存在し10世紀にはすでに制度として完成していた
- 航海に出る商人に対して貴族が現物や現金の出資を行うというイメージ
- 資金提供者による商人への商品や貨幣の委託（一方的コンメンダ）
- 商人も当該海商企業に出資（双務的コンメンダ）
  - ・営業財産の形成
  - ・出資のみ行い経営には関与しない形の有限責任的な出資が確立

3 ソキエタスとコンメンダの融合拡大
- ソキエタスの拡大により有限責任を負う出資者が参加
- ソキエタスにおいて経営を担う資本家が出資のみを行い資本家に後退
- ソキエタスとコンメンダの融合・拡大：「マグナ・ソキエタス」
  - →現在の合資会社形態の形成

4 東インド会社
- オランダ東インド会社：1602年に特許会社として設立
- 特許状において全社員の有限責任が容認
- 成立過程：巨大な合資会社として出現
- 初期株式会社の前期性

1　ソキエタス

　現代社会において経済活動の中核を担うのは株式会社である。それも，グローバルな規模で巨額の資本を集めて活動する大規模公開株式会社である。今日の巨大な株式会社を支える制度はどのように形成され発展してきたのであろうか[*1]。

　本講では企業形態，すなわち資本結合の様式（よりわかりやすくいえば企業と出資者の関係）により区別される企業の種類がどのようにして現れ，制度化されたかについて迫る。資本結合の歴史的展開を考察するにあたり，「地域性」と「リスク」の2つの視点からその特徴を捉える。

　企業形態の起源の1つは「ソキエタス」と呼ばれる資本結合形態である。ソキエタスは12～13世紀頃，中世ヨーロッパの諸都市の陸上商業において自然発生的に形成されたとされる。離れた土地で商館を構える商人同士が互いの特産品を相互に仕入れて販売する共同経営を模索した結合関係である。ここで離れた土地といっても陸上で移動できるほどの近隣である。

　イメージとして，現在のイタリアに位置するベネチアとミラノにそれぞれ拠点を構える商館を想像してほしい。水の都とも呼ばれる港町ベネチアは東方アジア方面とのつながりがあり，アジアの特産品の仕入れに強い。イタリア内陸に位置するミラノの商人は毛織物といったイタリアの特産品に強い。これら商人が双方の拠点に商館を構え相互に仕入れる共同経営を行うようになると，ミラノ商人は東方の特産品を内陸で，ベネチア商人は内陸の特産品である毛織物などを港町で継続的に販売できるようになる。

　上のイメージのように，当時の陸上商業は，地中海沿岸やヨーロッパ諸都市の分散した市場圏を経常的に媒介し市場間の価格差を利用し利益を上げることを目指していた。商人がそれぞれ価格の異なる市場圏を媒介することにより利益獲得のチャンスを見出そうとする場合，当該個別資本の資本金額が大きくなった方がよく，それぞれの市場圏に商館などの拠点が分散して存在し相互に協力することが必要となってくる。こうして，資本を結合して大きくなり共同で経営しつつ各拠点で活動するというソキエタスの設立が必要となってきたわ

けである。共同経営により小資本のリスクや仕入れのリスクを低減することができた（図表3-1参照）。

　ソキエタスはきわめて多くの場合，血縁関係を基礎にしていたとされる。先ほどのイメージではミラノ商人とベネチア商人が婚姻することにより血縁関係が結ばれるイメージだ。自ら所有し経営も行い対外的には無限責任を負うとなると強い信頼関係が必要となり，家族や血縁などの強固な人的信頼関係が基礎となった。しかしながら，ソキエタスが家族共同体を必然的な前提としていたわけでなく，その発展は家族共同体からの離脱として展開していった。

　ソキエタスは，まず「全財産を以てするソキエタス」から次第に「一定貨幣額を以てするソキエタス」に変わり，一定の存続期間を持つ会社契約という形式の上に設立されるようになった。それとともに責任形態も単に無制限な責任形態から，営業に関する限りにおける連帯責任に限定されるようになった。こうして全社員の無限責任制が確立した。これに伴い企業支配の合議制と，会社の名において第三者に対抗しうるといういわゆる代表権が成立するなど，現在の合名会社に近い企業形態が形成されていった。

　ソキエタスはイタリアで成立し，その後ヨーロッパに一般に波及したとされるが，英国では少々事情が異なる。英国における資本の結合は総じて「パートナーシップ」と呼ばれ，ここにはソキエタスと後述のコンメンダの2種が含ま

図表3-1　資本結合の様式の特徴

資本結合の様式	地域性	特徴	リスクの克服
ソキエタス	中世ヨーロッパの諸都市間の陸上商業	商館を構える2社共同経営	小資本のリスク　仕入れのリスク
コンメンダ	中世ヨーロッパ，地中海沿岸の海上貿易	資本家による商人への出資	航海のリスク　一部社員有限責任
マグナ・ソキエタス	中世ヨーロッパにおける陸上商業と海上貿易の融合	ソキエタスへのコンメンダ出資	小資本のリスク　仕入れのリスク　航海のリスク　一部社員有限責任
東インド会社（前期的株式会社）	大航海時代の大洋貿易	マグナ・ソキエタスの大合同	大洋貿易のリスク　全社員有限責任

出所：筆者作成。

れていた。しかし，コンメンダは 15 世紀に入る頃から次第に薄れていき，資本の結合はすべてソキエタスとしてのパートナーシップの形式をとるようになった。また，職業組合であるギルドが支配した時代には，ギルド商人は地理的に分離独立した地方間での商人の結合を妨げた上，ギルド商人が非組合員とパートナーシップを結ぶことを阻止していたという事情もあり，ソキエタスはその発展を抑制された。さらに，16 ～ 17 世紀において依然として社員の個人的な債務についても無限責任を負うという制度が存在するなど例外的であった。

2 コンメンダ

　企業形態の起源のもう 1 つは「コンメンダ」と呼ばれる資本結合形態である。ソキエタスが 12 ～ 13 世紀の陸上商業において発生したのに対し，コンメンダの舞台は地中海における海上貿易であった。13 ～ 15 世紀のイタリアおよびヨーロッパの諸都市における海上商業の主要な企業形態をなしたとされる。ただ，9 世紀にはすでに存在し 10 世紀にはすでに制度として完成していたともされる。

　コンメンダを現代風に説明すると「出資」である。中世ヨーロッパにおいて，船に乗って航海に出る商人に対して，貴族が現物や現金の出資を行うというイメージで捉えるとよい。

　中世における海上貿易は巨額の資本を必要とする事業であるばかりでなく，航海技術の未発達や海賊の存在などにより，非常にリスクの高い冒険事業であった。ここに，船乗りと商人を兼ねた冒険者と，貴族など利殖を求める資本所有者との結合関係を生み出す理由があった。

　コンメンダの発生は，何らかの資金提供者が資力なき貧しい商人に資本を委託し，これをもって「渡り鳥」的な海上商業を営ませるという形態として現れた。この初期の形式のコンメンダは本来の資本の結合とはいえない「一方的コンメンダ」であり，ジェノバでは「コンメンダ」（委託という意味），ベネチアでは「ロガーディア」（好意という意味）と呼ばれた。

　委託される資本の内容はごく初期には商品の委託から始まり，次第に貨幣の委託が一般的となった。海上商業により得た利潤の分配は資金提供者が４分の３，受託者＝商人が４分の１の割合が一般的であった。損失が出た場合は受託者が無限の責任を負わねばならなかったのに対し，資金提供者は委託した資本の返還を受託者に要求しえない，言い換えれば，出資を限度とする有限責任を負った。こうした関係は個々の航海について成立するという当座的性格を持った。海上貿易はプロジェクト単位で出資が行われ，プロジェクトが終わると清算され解散した。

　さて，出資する側と出資される側の力関係はどうだったのだろうか。コンメンダにおいて，初期は委託者である資金提供者が指導的地位に立ち，委託者の名前で取引が行われた。しかし，委託の内容が商品から貨幣に移り，やがて仕入れや販売を任されるなど商人の役割と地位が向上するにつれ，受託者の名をもって取引が行われるようになっていった。なお，資金提供者は，「コンメンダトール」あるいは「残留社員」などと呼ばれ，商業活動の担当者は「トラクタトール」，「ポルタトール」あるいは「旅行社員」などと呼ばれた。

　やがて，コンメンダは一層進んだ形態に変化した。コンメンダトール＝資金提供者はトラクタトール＝商人が有能である場合には取引について指示を与える必要がなくなり，場合によっては彼を自由に振舞わせる方が合理的であることを発見する。一方，トラクタトール＝商人の方も次第に自己の資本を所有するまで成長していった。成長したトラクタトール＝商人は，当該海上商業企業に出資を行うようになった。

　コンメンダはコンメンダトール＝資金提供者が一方的に出資を行うのではなく，トラクタトール＝商人も出資を行う「双務的コンメンダ」に発展していった。双務的コンメンダにおいて，出資割合はトラクタトールが３分の１，コンメンダトールが３分の２であり，利潤の分配は折半が一般的であったとされる。双務的コンメンダは，ジェノバでは「ソキエタス・マリス」，ベネチアでは「コレガンシア」（対等なものの結合という意味）と呼ばれた。

　また，双務的コンメンダにおいては，次第に参加者の財産とは区別された営業財産が形成された。そして，商業活動の担当者であるトラクタトールが活動の中心となる一方，コンメンダトールは受動的な無機能な持分資本家へと後退

していった。このように，海上商業において，双務的コンメンダの発達から，出資のみを行い経営には関与しない形の出資，しかも有限責任的な出資が確立されることとなった（図表3-1参照）。

3 ソキエタスとコンメンダの融合拡大

　第1節で取り上げたソキエタスにおける資本結合の拡大には一定の限界が存在した。ソキエタスの社員は互いに結合し協力しつつも，できる限り当該企業の経営と利潤分配を自己の支配に置きたいという欲求を持った。このことにより，資本が拡大されるにつれ，社員間で企業職能の範囲，特に利潤分配の方法について利害の対立が現れてくるという問題に直面することになる。つまりは，ソキエタスは経営も行う資本家相互の協力が実現されうる比較的狭い範囲においてのみ可能であったのである。こうした限界は，ソキエタスに対して出資のみを行う資本家が有限責任で参加することを通して克服することとなった。

　また，ソキエタスにおいて経営も担う資本家が経営職能を果たさなくなり出資のみを行う資本家の地位に後退し，無限責任が解除されるという状況も起こった。老齢や病気，死亡などによる個人的な理由により，経営に直接にも間接にも参加できなくなり無限責任が解除される場合や，英国のパートナーシップにおける営業不振時ないし営業拡大時の追加出資に応じられない場合などである。

　こうしてソキエタスを中核として，これに出資のみを行う資本家が参加するという形態が現れるようになった。これはソキエタスとコンメンダの融合形態であり，「マグナ・ソキエタス」と呼ばれる。マグナ・ソキエタスはソキエタスに有限責任のコンメンダ出資を受け入れることで，小資本のリスクや仕入れのリスクに加え，海上貿易のリスクも克服するよう制度化されていったと見ることができる（図表3-1参照）。

　マグナ・ソキエタスは，ソキエタスの社員に対して匿名で行うコンメンダ出資の場合（分散型）と，ソキエタスそのものに対するコンメンダ出資の場合（集中型）の2つの形があった。いずれも15〜16世紀のヨーロッパのどの地域に

おいても見出される。そしていずれの場合も匿名のコンメンダ出資者が公のものとなり，社員の地位に引き上げられ，現在でいうところの合資会社形態が成立することとなった。

4 東インド会社

　16世紀はアフリカ南端からインド洋に出てインドや東南アジアに達する航路が発見され大航海の時代となった。それにつれて，貿易は大型船で大量の積荷を扱う大洋貿易が盛んになった。大洋貿易は巨大な資本が必要とされ，かつ一層高いリスクに直面した事業であった。

　大洋貿易のための東インド会社は様々な国で設立された。その中でも株式会社の起源といわれるのは「オランダ東インド会社」である。オランダ東インド会社は1602年に当時のオランダ議会の正式な特許をもって設立された。その特許状42条において，「取締役達はいずれも，その人身あるいは財産を持って責任を負わされることはない」と規定され，これが取締役の有限責任を規定した条項だと解される。つまり，全社員有限責任の確立，株式会社の成立と見ることができる。オランダ東インド会社のモデルはその後ヨーロッパ各地に伝播し，「株式会社の起源」となった（図表3-1参照）。

　オランダ東インド会社の成立過程を見よう。まず，1594年に東インド貿易を行う会社として「遠国会社」がアムステルダムに設立された。遠国会社は1600年に他の数社と合同し「アムステルダム東インド会社」に，さらに1602年にロッテルダムやその他の地方の数社と合併して「オランダ東インド会社」となった。これら諸会社は株式会社発生の先駆となったという意味で「先駆会社」と呼ばれるが，企業の形態としては巨大な合資会社（分散型のマグナ・ソキエタス）形態をとっていた。例えば，遠国会社は9人の無限責任出資者を中心としてこれに多数の匿名の無機能出資が結合したものであった。

　オランダ東インド会社は実質的には合資会社の大合同として現れた。そこでは，先駆会社から入り込んだ機能資本家73人が取締役として取締役会（後に定員60名になる）を構成し，その周囲に多数の一般出資者が無機能的に参加

していたとされる。ここから，株式会社は巨大な規模でのソキエタスに対する
コンメンダ出資，つまり合資会社形態から展開したものと理解できる。

　それではなぜ機能資本家である取締役の無限責任が解除されたのか。合資会
社の大合同による企業規模の巨大化は当然に取引の巨大化をもたらし，これが
機能資本家の個人的財産では無限に責任を負えない規模に達したためであり，
また，巨大化した企業においては企業それ自体に信用が確立され，個人的な保
証を必要としなくなったためである。

　初期の株式会社は主に以下の点で現在の株式会社とは異なる。まず，取締役
の任命が専制的であり社員総会が欠如していたことである。オランダ東インド
会社の取締役は大株主ではなかったが，特許状により終身で任命された。一方，
一般出資者は社員総会を持たず会社の経営から全く排除されていた。こうして
会社機関では身分で固定された取締役による専制的支配が行われた。また，初
期の株式会社は多くの場合政府の「特許」により設立され，その支配に政府の
権力が多様に介入して設立され，「公法的」な色彩を持っていたことである。
政府は企業に貿易の独占権を与える一方，その代償として貸付や献金などによ
り莫大な代償を得ていたのである。このような初期の株式会社は封建制度を基
礎とする前期的な性格を有しており，歴史の発展とともにその姿を完成させて
ゆくことになる。

注

*1　株式会社の歴史的展開過程を理論的かつ詳細に記述したものとして，歴史
　　的古典である大塚［1954］を参照されたい。また，株式会社の展開を資本の
　　結合を中心に記述したものとして，馬場［1978］1 - 45頁を参照せよ。本講は
　　多くの部分でこの2つの文献を参照している。

参考文献

植竹晃久［1984］『企業形態論：資本集中組織の研究』中央経済社。
大塚久雄［1954］『株式会社発生史論』中央公論社。
大塚久雄［1979］「株式会社制度の起源について：とくにオランダ東インド会社の
　　設立を中心に」『社会科学ジャーナル』第17号，167 - 182頁。
馬場克三［1978］『株式会社金融論［改訂増補版］』森山書店。

合名会社，合資会社，合同会社，株式会社

1 企業形態とは
- 企業形態は
  - ・事業活動を行う経済主体に法的な枠組みを提供するもの
  - ・出資形態と負債の責任形態を示すもの

2 企業形態の種類
- 企業形態の分類基準
  - ・企業の所有者と資本の出資形態
- 企業形態の種類
  - ・個人企業
  - ・共同企業
    合名会社，合資会社，有限会社（2005 年まで），合同会社，株式会社

3 企業形態の特徴
- 責任形態：
  - ・有限責任：一定限度の債務（一般的に出資した額に応じる）を弁済する責任を負うこと
  - ・無限責任：負債総額の全額を支払う責任を負うこと
- 出資形態
  - ・金銭的なものに限る
  - ・金銭的なものだけではなく出資形態：労務出資，信用出資，技術出資も可能

4 企業形態の新たな展開
- 公益会社の登場
  - ・NPO ⇒公益会社
  - ・社会性に重きを置く営利企業
  - ・営利企業の欠如をカバーする企業形態

1 企業形態とは

売上高が事業コスト[*1]を上回る見通しがついたとき，人は従業員を雇用し，生産財を揃え，事業のための経営体（企業）を起業する。そして企業は，大規模化を遂げるために，より多くの資金を多くの人々から調達する必要性が生じる。こうした資金需要に応じるため，新たな企業形態が発展し，今日の株式会社に至ったのである。

企業形態とは事業活動を行う経済主体に法的な枠組みを提供するものである。また，企業形態は出資形態や負債の責任形態を示すものでもある。

2 企業形態の分類

一般的に，企業形態を分類する際，企業[*2]の所有者あるいは資本の出資形態という基準が用いられてきているが，それらはいずれも法制上の企業形態である。企業形態としては個人企業と共同企業に大別できる。個人企業とは，いわゆる一個人が出資し，経営を行う企業の形態である。そして，共同企業とは複数出資者によって作られた企業形態のことである。共同企業には合名会社，合資会社，合同会社，株式会社がある。現代社会の経済活動の中心を担うのは株式会社である。ここでは各企業形態の違いを比較してみよう。

3 企業形態の特徴

① 個人企業

個人企業とは，一個人が事業を行う企業のことである。一個人が出資者兼経営者であるため，資本運用に関する支配権[*3]の統一を調整する必要がなく，経営に関する意思決定は個人が行う。一方，個人もまた出資と経営の全責任を

負い無限責任である。

　同形態の企業は資金調達能力に限界があり，その資金調達の源泉は，事業から生ずる利益留保に限られている[*4]。資金を借り入れた場合は，事業の継続に関係なく，個人の責任として債務額をすべて弁済する必要がある。

② 合名会社

　合名会社は共同企業の最も初期的な形態である。この形態は複数の出資者によって作られたものである。そのため，経営に関する意思決定は，全員の話し合いで統一する必要がある。それは出資の分散に対する支配権の統一を調整するものである。したがって，同形態は出資者全員が共同で業務を執行する。また，出資者全員の債務履行に対する責任は無限責任である[*5]。出資形態は金銭的なものだけではなく，労務出資，信用出資，技術出資も可能である。

　出資者が複数であるため，個人企業に比べて事業の規模を大きくすることはできるが，資金調達先は出資者間の信頼関係で結ばれる範囲の人数に限られる。そのため，出資者数に基づく資金調達に限界がある。酒蔵・味噌蔵・醬油の醸造業では合名会社の形態をよく利用している（なお，現在，合名会社は1人での設立も可能となっている）。

③ 合資会社

　合資会社は無限責任を負う経営に携わる社員[*6]と，経営に関与しない有限責任社員から構成される企業形態である。

　同形態は事業の拡大に伴う資金の需要を満たすために作られたものである。旧来の出資者は経営に関する支配権を有し，債務履行に関して無限責任を負う。一方，新たに加わる出資者には資本に関する支配権（＝経営権）を認めないが，監視権を有する。そのかわり，債務履行に関する無限責任を免除し，出資額のみに応じて有限責任を負う。こうした支配権を有しない出資者は持分出資者である。また，出資形態は金銭的なものだけではなく，労務出資，信用出資，技術出資もできる。

　合資会社は合名会社の発展の所産であり，同形態では持分出資者の数を増やしていけば，資本金を拡大することができる[*7]。しかし，合資会社は持分出資

者の数の増大にも限界を持っている。それは，持分出資者は会社の経営方針に賛成できなくなったとき，出資金を回収しようとしても譲渡先を見つけることが難しいからである。逆にいえば，無限責任社員（支配出資者）を信頼できる者だけが，持分出資者になったのである[8]。したがって，合資会社は持分出資者が人的なつながり，血縁的なつながりに制約されるため，調達しうる資金に限界がある。

④ 有限会社（2006年に特例有限会社とされた形態）

有限会社は1938年に制度化されたが，2005年の会社法の制定，2006年の施行により有限会社が廃止され，新たに有限会社を設立することができなくなった。既存の有限会社は「特例有限会社」とされ，会社法の規定に基づく株式会社として存続することになっている。

⑤ 合同会社

合同会社（日本版LLC：Limited Liability Company）は2006年の会社法施行によって導入された新しい企業形態である[9]。出資者全員が有限責任社員であるという株式会社の特徴を有しているが，合名会社や合資会社と同様に，会社運営の際の意思決定そして利益配分の割合決めは，定款のもとで社員全員によって行われる。そして，出資形態は金銭的なものだけではなく，労務出資，信用出資，技術出資も認められる。

そもそも日本版LLCは米国のLLCを倣ったものである。米国のLLCが起業促進に貢献したという事情を背景に，日本でもベンチャー企業の起業促進に役に立てようという政策的意図から，日本版LLCは導入された。上述したように，LLCの出資形態は金銭的なものに限らず，労務出資，信用出資，技術出資も認められるので，映画やゲームソフトなどコンテンツ産業での制作組織や，特許を用いた起業者の新規企業に適している。

しかし実際，同形態はあまり普及されていないのが現状である。なぜなら，合同会社にはいくつかの欠点があるが，特に利益配分の割り決めと株主の数（＝企業の規模）に注目したい。

合名会社・合資会社・株式会社における利益配分の割合は出資額に基づいて

いる。それに対して，合同会社における利益配分の割り決めは，出資額（金銭的な出資，労務出資，技術出資）に関係なく（定款のもとで）設定することができる。そのため，利益分配の割合に不満があった場合，社内のトラブルになりやすい。

また，同形態では意思決定を行う際に，出資者全員の合議が必要である。一方，出資者の数が多くなると，意思決定に対立が生じやすくなる。そのため，同形態は出資者数の拡大に限界があり，企業の規模拡大に不適合である。

⑥ 株式会社

株式会社は資本を小口化し，証券を発行することで資金調達を図った企業形態である。上記の合名会社や合資会社と異なり株式会社は，人的関係に依拠することなく，資本関係で結ばれる企業形態である。株式会社は，社会から広く資本を最も効率よく集める企業形態である。同形態では，出資者全員＝株主（出資者を株主と呼ぶ）を有限責任とし，出資の持分を株式という証券で示す。株主は，市場で自由に株式を売買することができるので，必要に応じて出資した資金を現金形態で回収することができる。また，株式会社は所有と経営の分離を前提としており，株主が取締役に会社の経営をゆだねる制度となっている。

図表 4 - 1　組織別・資本金階層別法人数

区分	1,000 万円以下	1,000 万円超 1 億円以下	1 億円超 10 億円以下	10 億円超	合計	構成比
（組織別）	社	社	社	社	社	％
株式会社	2,256,156	337,164	13,838	5,519	2,612,677	91.2
合名会社	3,191	133	1	-	3,325	0.1
合資会社	12,042	438	1	1	12,482	0.4
合同会社	159,035	935	140	22	160,132	5.6
その他	56,854	17,789	557	570	75,770	2.6
合計（構成比）	2,487,278 (86.8)	356,459 (12.4)	14,537 (0.5)	6,112 (0.2)	2,864,386 (100.0)	100.0

出所：国税庁「令和 3 年度分会社標本調査」〈https://www.nta.go.jp/publication/statistics/kokuzeicho/kaishahyohon2021/pdf/kekka.pdf〉（2024 年 3 月 25 日）。

　図表 4 - 1 に示すように，組織別で法人数を見るとき，株式会社が 2,612,677 社で，全体の 91.2％ を占めている。しかしながら，日本取引所グループの「上場会社数」では 3,928 社（2024 年 2 月 27 日時点）となっている。また，ここでいう株式会社は株式公開企業（日本取引所グループの上場企業）を指している。

　このように，企業規模の拡大に伴う資金需要に応じるため企業形態が発展してきた。企業は，①出資，②借入，③利益留保，の 3 つの資金調達源泉を持っている。利益留保を除く資金調達手段は債権者に対する債務履行という責任を負う。負債の責任形態には有限責任と無限責任がある。有限責任とは会社の債務に対して，出資者が一定限度の債務（一般的に出資した額に応じる）を弁済する責任を負うことである。無限責任とは，会社が倒産したときに，会社の債権者に対して負債総額の全額を支払う責任を負うことを指す。そして，債務履行に対する無限責任を負うということは，万一事業が失敗してしまったら，無限責任を負う者（経営者）は自らの財産をもって債務額を弁済しなければならない。そして，企業規模の拡大に伴って，資金調達の規模も大きくなる。そうした負債額は，個人の財産では弁済しきれないほどに膨らんでいる。こうした問題を解決するために，負債の責任形態が無限責任から有限責任へと変化していった。

4 企業形態の新たな展開―公益会社

　近年では新たな企業形態として公益会社に注目が集まっている。公益会社は米国で作られた企業形態で，事業目的に公益を位置づけて，社会問題の解決や社会性に重きを置き，営利企業の欠如をカバーする企業形態である。株主価値経営への反省や持続可能経営の追求がこの種の企業形態の誕生のきっかけとなっている。公益会社は株式会社と同様に，①出資，②借入，③利益留保，の 3 つの資金調達源泉を持っており，出資者全員を有限責任とする。

図表4-2	企業形態の種類別特徴

形態	特徴	リスク	意思決定	事例
個人商店	・個人また家族的経営の形態 ・出資は個人 ・所有と経営が一致する。	無限責任 （個人）	個人	一般的な個人商店
合名会社	・個人企業家同士の結合形態 ・出資は複数出資者 ・所有と経営が一致する。 ・資本譲渡は出資者全員の承諾を得て持分を譲渡できる ・出資形態は金銭的なものだけではなく，労務出資，信用出資，技術出資も可能。	無限責任 （出資者全員）	出資者全員	酒蔵・味噌蔵・醤油の醸造業
合資会社	・無限責任社員と有限責任社員によって構成する ・経営および支配権は無限責任社員が担当する ・資本譲渡は無限責任社員の承諾を得て持分を譲渡できる ・出資形態は金銭的なものだけではなく，労務出資，信用出資，技術出資もできる。	無限責任 （一部社員）	無限責任を負う社員	大規模の酒蔵・味噌蔵・醤油の醸造業，ベンチャーなど
株式会社	・資本を小口化し，証券を発行して資金を調達する ・所有と経営が分離している。 ・資本譲渡は証券取引場で自由に行うことができる	有限責任	株主総会 （実質は少数大株主が主導権を持つ）	メーカー，商社，銀行など多くの企業
合同会社	・日本版 LLC ・起業を促進するための企業形態 ・出資形態は金銭的なものだけではなく，労務出資，信用出資，技術出資も認められる。	有限責任	合議制 （出資者全員）	ベンチャーや，特許を用いた起業者の新規企業

注：合議制とは，複数の構成員の合議によって決定される制度である。
出所：筆者作成。

注

＊1　事業コスト＝負債コスト＋事業者コスト＋出資者コスト
＊2　企業と会社の違いについて，企業とは一般的に，あらゆる組織形態や規模の
　　ビジネスを指す総称的な用語である。会社とは法的な枠組みのもとで設立さ
　　れ，組織の所有権や経営権がどのように分かれているかが法的に定義されて
　　いる特定のビジネス組織である。例えば，株式会社，合名会社のような表現
　　がある。
＊3　支配権とは経営の意思決定に関する発言権のことである。
＊4　坂本［2011］4頁。
＊5　責任とは債権（者）に対するものである。債権者には①国，地方，②従業員，
　　③取引先，④銀行が含まれている。責任には無限責任と有限責任がある。
＊6　社員とは出資者のことである。
＊7　小松［2006］22頁。
＊8　小松［2006］22頁。
＊9　合同会社に似ている企業形態が有限責任事業組合（LLP：Limited Liability
　　Partnership）である。有限責任事業組合は合同会社と同じく，定款自治と全
　　出資者の有限責任制という仕組みを採用している。

参考文献

汪志平［2001］『企業形態要論』中央経済社。
汪志平［2007］『企業論入門』中央経済社。
コース，R. H.（宮沢健一・後藤　晃・藤垣芳文訳）［1992］『企業・市場・法』東
　　洋経済新報社。
小松　章［2006］『企業形態論（第3版）』新世社。
坂本恒夫編［2011］『テキスト財務管理理論（第4版）』中央経済社。
寺前俊孝［2014］「資源ベース理論からダイナミック・ケイパビリティ理論へ」『名
　　城厳論』第14巻第4号，13-28頁。

Ⅲ　企業と市場

企業と労働力市場　第 5 講

1　労働力市場の特徴
- 労働力市場からは価値を創り出す労働力を調達
- 商品・サービス市場や資本市場が，非自然的な「無機物」を扱っているのに対して，労働力市場は，人間という自然人を取引対象
- したがって，商品・サービスや資本は，必要がなければ捨て去ることができるが，労働力は必要がなくなっても簡単に捨て去ることはできない
- 解雇などの雇用停止は，経営問題を越えて大きな社会問題

2　労働の種類と形態
- 購入労働，生産労働，整備労働，移転労働，販売労働，財務労働の6種類に加え，管理労働も存在

3　賃金とコスト
労働力の提供に対して企業は労働者に賃金の支払い

4　産業構造の高度化と労働力市場
①大規模化，高度化と労働力市場
②効率化と労働力市場
③情報化と労働力市場

5　情報革命と労働力市場
①ギグワーカー（Gig worker）とは何か
ギグワーカーは，プラットフォーマーを介する形で仕事を受ける就業者
オンデマンドの企業と正式な労働契約を結び，顧客にサービスを提供
②ギグワーカーに見る働き方の問題点
（1）組織化の遅れ
（2）超過労働の隠蔽
（3）デジタル従属
情報産業では，情報機器に働きかける労働が主流
通信手段の発展と相まって場所と時間を節約して飛躍的に生産性を拡大

6　ポスト情報革命と労働力市場
（1）大量解雇
大量解雇の前に株主利益および経営者報酬を削減
（2）健康被害
情報革命は生産力と生産性を飛躍的に発展，新たな貧困問題も生み出す

1 労働力市場の特徴

　企業は，労働力市場，商品・サービス市場，そして金融市場という3つの市場の上に立脚している。

　労働力市場からは価値を創り出す労働力を，商品・サービス市場からは価値創出を働きかける原料や価値を実現する商品を，そして金融市場からは価値を生み出す資金を，それぞれ調達している。

　この3つの市場が異なっている基本的なことは，商品・サービス市場や金融市場が，非自然的な「無機物」を扱っているのに対して，労働力市場は，人間という自然人を取引対象としていることである。したがって，商品・サービスや資本は，必要がなければ捨て去ることができるが，労働力は必要がなくなっても簡単に捨て去ることはできない。解雇などの雇用停止は，経営問題を越えて大きな社会問題になるのである。

2 労働の種類と形態

　企業が資本運用において労働力を購入するのは，生産活動を始めるプロセスにおいてである。労働は生産素材に働きかけて製品を創出するのであるが，この働きかけが基本になって価値を生み出し，利益の基本になる付加価値を内在させるのである。これが労働力の価値創出の基本であるが，労働という活動はこの生産労働だけではない。生産素材を調達する時も労働力が必要である（購入労働）。次に原材料を揃えたり，機械などの生産手段を整えたりする際も労働力が必要である（整備労働）。加えて価値を販売部門に移動する価値移転の労働力も必要である（移転労働）。さらに商品やサービスを消費者に届ける労働力も必要である（販売労働）。商品・サービスが販売され価値が実現すれば，この代金を回収しておカネを資本運動の起点に戻す財務労働も必要である。そしてこの財務労働は資金を調達する仕事も担う。

　資本の運動というプロセスから見れば，このように購入労働，生産労働，整

| 図表5-1 | | 労働の種類 | | |

生産の観点	管理の観点	人間との観点	業務の観点
・生産労働	管理労働	・ブルーカラー労働	・知的労働
・購入労働	・労務管理労働	・ホワイトカラー労働	・事務労働
・整備労働	・広報労働		
・移転労働	・在庫管理労働		
・購買労働	・調達労働		
・財務労働			

出所：筆者作成。

備労働，移転労働，販売労働，財務労働の6種類だが，もちろんこれだけでは
ない。これらをスムーズに運用させる管理労働も存在する。例えば管理労働に
は，労務管理労働，広報労働，在庫管理労働，調達労働などがある。

　これらの労働は，その労働と人間との関わり方から，ブルーカラー労働およ
びホワイトカラー労働などと呼ばれたりする。生産労働でのブルーカラー労働
は，国際化・グローバル化で生産拠点が海外に移動すると，その働く機会を喪
失することになる。販売労働や財務労働，そして管理労働といった知的労働，
事務労働は，そのプロセスが機械化，精緻化していくと仕事の機会を喪失する。

　国際化，情報化が進行する現代は，若者にとっては就業機会を狭めていくが，
中高年にとっても，産業構造の変化，企業の統合などで就業機会を失くしてい
くことがある。

3　賃金とコスト

　労働力の提供に対して企業は労働者に賃金を支払う。労働力市場の供給がタ
イトであれば，賃金は高くなるし，逆に供給過剰であれば賃金は下がる。また，
企業側の労働力需要が強ければ賃金は上がるし，弱ければ賃金は下がる。この
ように賃金は労働力市場の需要と供給の関係で決まるが，その本質・内容はそ
の労働が社会的に見てどの程度有用かによって，その価値が決まる。

　賃金は市場での需要と供給で上下するが，この賃金は企業にとってはコスト

である。コストは，企業にとって低ければ低いほどよいが，労働者は賃金が下がれば，生活は厳しくなる。労働者は自然人であるから下げるのにも限界が存在する。そこで賃金は下げずに，労働者の数を減らしてコストを下げようとする。いわゆる労働コストの削減である。企業は常にコストを下げるために，賃金を抑制するが，さらに機械を導入するなどして労働生産性を上げて，絶対的に労働コストを下げようとする。

このように賃金は労働コストである以上，常に下方硬直性があるといえる。したがって従業員は労働組合を結成し，この下方硬直性に対抗しようとするが，企業・経営者は，まず女性や若年者，そして次に外国人労働者を，労働力市場に動員して，労働コストを下げようとする。

最近は，派遣労働者の動員，事業の解体と外注（アンバンドリング）などによって，さらなる労働コストの削減が行われている。

4 産業構造の高度化と労働力市場

① 大規模化，高度化と労働力市場

日本経済は，1955 年頃から技術革新に基づく大型設備投資によって，金属・機械・化学などの部門において，大幅に生産性が伸び，相対的ではあるが賃金も上昇した。1965 年の不況賃金の伸びが，生産性の伸びを上回ったことによるが，しかしその後輸出・消費の拡大に支えられて，大型化・システム化が進行し生産局面での効率化・規模拡大が進むと，またも賃金は上昇局面に移行した。

「石油ショック」以降，企業は減産体制に転換した。一時帰休，パートの大量解雇，希望退職，配置転換などが見られた。生産・労働側面では，コスト削減の「量産効果」から「原単位コスト」，加えて「見直し合理化」，そして「自動化」「省力化」が展開された。賃金効率の見直しである。

1985 年，日本はバブル経済に突入した。円高懸念から，政府・日銀が大量に通貨を供給し，折からの生産プロセスの縮小軌道の中で，通貨は行き場を土

地テク，株テクに求めた。名目的に資産が膨張し，利益が拡大する中で，賃金も大幅に増加したが，これは生産性の向上に基づくものではなく，単なるインフレの均衡作りに過ぎなかった。労働力は本来の価値を見失い，通貨膨張の中で，名目だけを引き上げていったのである。

② 効率化と労働力市場

1990年，不動産総量規制，貸出増加額規制，国際決済銀行の自己資本比率規制などの諸規制が始まりバブルは崩壊した。肥大のかぎりを尽くした日本企業は，合理化の激しい波に洗われることになった。しかし都市銀行，総合商社，主要メーカーは，これまでの系列融資，株式持ち合いの企業集団依存経営であったために，何ら有効な対策を打ち出すことができなかった。失われた10年，失われた20年，そして30年と揶揄される中で，企業集団は瓦解し，株式は英米ファンドに売却されていった。

そして1996年頃から，英米系ファンドの手によって，本格的な合理化が進展していった。まず資産売却である。金融資産はもちろんのこと工場や子会社などが閉鎖・売却された。もちろん雇われていた従業員は解雇された。自社ビルも売却された。終身雇用の従業員も大幅に削減され，派遣労働者やアルバイトに置き換えられていった。固定費の変動費化によって，徹底的にコストが見直され，そのため売上高が低下しても利益が生まれる体質に変化した。さらにキャッシュフロー経営が導入され，在庫管理が徹底された。

労働力市場は沈黙した。終身雇用が見直され，労働組合の交渉力も弱体化し，年功序列賃金も崩壊した。賃金は押し下げられ，失業率も大幅上昇し，前者は就職口を見失った。企業は中国などのアジアに逃げ出し，地方・地域は衰退した。企業城下町は遺産に変わっていった。日本の地方は20年後にはゴースト

図表5-2　産業構造の高度化と労働力市場の特徴

大規模化・高度化	1955年頃から　一時帰休，パートの大量解雇，配置転換
効率化	1990年頃から　終身雇用の見直し，年功序列賃金崩壊
情報化	2000年頃から　ギグワーカー登場，大量解雇，健康被害

出所：筆者作成。

タウンになってしまうと危惧する意見まで出てきた。

③　情報化と労働力市場

　産業構造の高度化は労働の姿を大きく変化させる。第1次の農林水産業は自然に働きかける労働が主流であったが，第2次産業の鉱工業では，生産設備に働きかける労働が主流となった。また第3次産業のサービス業では，流通や金融の局面に働きかける労働が中心となった。

　そして，第4次・第5次とも呼ばれる情報産業では，情報機器に働きかける労働が主流になっている。これは人工衛星などの通信手段と相まって，場所と時間を節約して，企業のあらゆる活動に働きかけるもので，飛躍的に生産性を拡大させた。

　特に第1次産業の農林・水産業はこの情報産業機器によって飛躍的に生産性を拡大させ，アグリビジネスなどの新たな分野を開拓している。また社会インフラビジネスと呼ばれる分野では，交通，通信，電力，水道，公共施設などの社会基盤を扱う経済活動全般を有機的に発展させ，そこでの労働生産性を量的にも質的にも進化させた。

　したがって情報化時代の今日においては，労働の関わり方が大きく変化しており，この分野および周辺分野での労働の有り様については，詳細かつ多面的に評価していかねばならない。

5　情報革命と労働力市場

　2000年代に入り，インターネットなどの情報通信技術の発達やスマートフォンの普及により，経済・産業のデジタル化が急速に進んだ。その結果，例えばデジタルテクノロジーに基づくオンデマンドプラットフォームは，接続の容易さや利便性から，既存のオフライン取引とは異なる仕事と雇用形態を産み出した。

　一般に，働き手は，福利厚生を含む，設定された労働時間を持つフルタイムの労働者として説明されるが，しかし，技術の進歩と経済環境の変化とともに，

独立した契約労働などを特徴とする新しい労働者を生み出した。例えばギグワーカーは，プラットフォーマーを介する形で仕事を受ける就業者であり，オンデマンドの企業と正式な労働契約を結び，企業の顧客にサービスを提供する。彼らは，柔軟性，自律性を備えているが，いくつかの問題も指摘されている。

①　ギグワーカー（Gig worker）とは何か

　コロナ感染下，多くの人が外出もできず在宅で過ごす中，Uber Eats やAmazon.com でもくもくと働く配達員，彼らこそがまさにギグワーカーである。Gig は，音楽領域の英語で，ライブハウスでの短い演奏セッションやクラブでの一度限りの演奏を意味するスラグ言葉 gig に由来するといわれている。ギグワーカーは，プラットフォーマーを介する形で仕事を受ける就業者であり，オンデマンドの企業と正式な労働契約を結び，企業の顧客にサービスを提供する。

　プラットフォーマーを介する就業形態はギグワーカーまたはクラウドワーカーと呼ばれるが，各国で対応に違いが見られる。米国では独立業務請負人（独立請負業者，インディペンデントコントラクター，independent contractor），オンラインプラットフォーム労働者（online platform worker），契約事務所労働者（contract firm worker），オンコール労働者（on - call worker），および臨時労働者の総称を指すとされている。

　ギグワーカーは，柔軟性，自律性，タスクの多様性そして複雑さを備えているが，いくつかの問題点も指摘されている。それは，これらの仕事では一般に雇用主が「福利厚生と職場保護」をほとんど提供していないということである。

　また，職場で発生する技術開発により，1938 年の公正労働基準法などの雇用規則が作成された時には想像もできなかった「従業員」および「雇用者」という法的定義が曖昧になってしまったことである。したがって，これらの制御

図表5 - 3　　ギグワーカーとは何か

定義	プラットフォーマーを介する就業形態
特徴	柔軟性，自律性，タスクの多様性・複雑さ
課題	福利厚生と職場保護が未整備

出所：筆者作成。

メカニズムは，低賃金，社会的孤立，非社会的で不規則な時間の労働，過労，睡眠不足および疲弊をもたらしているといわれている[1]。

「日本経済新聞」によれば，ギグワーカーの人口は，米国では5千万人，日本では1千万人といわれるが，特に米国では，その労働者人口が急増しているとされている。これは，激しいインフレに伴ってサービス料金が上昇し，働き手への配分が増えているためだとされている。例えば，米国のウーバーテクノロジーズの各種アプリで働く人々は，2020年に比べ2021年には31％増えて500万人近くに達し，新型コロナウイルスの感染拡大前を上回って過去最多となっている。米国でライドシェアに専念する運転手は1時間あたり37ドル（約4,900円）を稼いでいるとされている。米国調査会社によると，Uberの1回の乗車あたりの料金は2022年4〜6月に全米平均で20ドル95セントとなり，データが確認できる2017年以降で最高を更新した。乗客から受け取るサービス料金の7割前後は運転手に配分されるため，ギグワーカーの実収入も増加している。米国の失業率は約50年ぶりの低水準で，労働市場の需給逼迫は続いている。Uberのアプリに運転手が集まる理由は高収入だけではない。生活費が高騰する中，定職に就きながら副収入を得ようとする人々の動きが，ギグワーカー人気に拍車をかけているともいわれている[2]。

ギグワーカーの登場と拡大の背景には，情報化の進展がある。情報化は，段階的に発展してきたが，このコロナ感染の影響で，飛躍的な伸びと拡がりを見せている。

当初は，情報産業，情報サービスの単純な発展であったが，それがクラウドの情報集積，AIによる経営分析，そしてビジネスにおけるアイデア，商品デザインも提案する機能を担い，第3次産業革命，いわゆるデジタルトランスフォーメーション（DX）という現象を引き起こしている。

デジタル化（アナログデータをデジタルデータに変換）とは，デジタル技術（クラウド・コンピューティングや解析，IoT，モバイル，ソーシャルメディアなど）を活用して有望なビジネスチャンスを生み出していこうとするイノベーションである。デジタル化でできることは，①物理的距離を越えてコミュニケーションができる，②情報を取得・処理し，サービスの自動化・最適化ができる，ことなどである。デジタル技術とデジタル・ビジネスを用いて組織を

図表 5 - 4	ギグワーカー登場の背景

〈情報通信技術の発展，スマートフォンの普及，デジタル化〉
⇩
オンデマンドプラットフォームの定着，
アクセシビリティ，利便性，価格競争力
⇩
〈独立した契約労働の誕生〉

出所：筆者作成。

変化させ，業績を改善することができるのである。

　以上のように，2000 年代に入り，インターネットなどの情報通信技術の発達やスマートフォンの普及により，経済・産業のデジタル化が急速に進んだ。その結果，デジタルテクノロジーに基づくオンデマンドプラットフォームは，アクセシビリティ，利便性，価格競争力に基づく既存のオフライン・トランザクションとは異なる仕事と雇用形態を産み出し，いわゆるギグエコノミーが注目されている。一般に，働き手は，福利厚生を含む，設定された労働時間を持つフルタイムの労働者として説明される。しかし，労働条件の定義は，経済状況の変化と技術の進歩の継続とともに変化し，独立した契約労働などを特徴とする新しい労働者を生み出したのである[3]。

②　ギグワーカーに見る働き方の問題点

（1）組織化の遅れ

　ネットビジネスの巨大企業のもとで働く人々の保護は，国際的な課題になっている。それは，直接の契約関係はないのに，AI（人口知能）で働き方を管理されているからである。

　そのような状況の中で，日本でネット通販大手「アマゾン」の宅配網を担う個人事業主のドライバーが労働組合を作って声を上げ始めた。労働組合を設立したのは，横須賀市でアマゾンの荷物を配達しているドライバー 10 人である。いずれも，日本法人「アマゾンジャパン」が委託した運送会社やその下請け会社と業務委託契約を結んで働いている。委託先の会社だけでなくアマゾンにも，団体交渉を申し入れているが，返事はない。労働基準法に基づいて適正に労働

図表5-5 ギグワーカーの問題点（2022年6月13日時点）

論点	
1. 配達料日当（1万8,000円据置き）	5. 配達先・時間管理がアプリ
2. AI導入以降，取扱い荷物個数激増	6. 労働者としての契約が本来
3. 長時間労働（1日12時間以上）	7. 報酬の片寄り
4. 本当に個人事業主か	8. 労働組合の結成必要

出所：筆者作成。

時間を管理し，賃金を支払うことなどを求めている。

　ドライバーは個人事業主で，さらにアマゾンとの間に直接の契約関係はない。しかし実際は，アマゾンが提供するスマートフォンのアプリで配達先や労働時間が管理されていて，アマゾンは交渉に応じる義務があると労働組合側は主張している。

　こうした状況の中で，新しい動きがあった。2022年11月25日，東京都労働委員会が，Uber Eatsの運営会社に，配達員らの労働組合との団体交渉に誠実に応じるよう命じた。プラットフォームを介して仕事を請け負う働き手を労働法上の「労働者」と認め，事業者の責任を示した日本で初の判断となった。

　Uberが決定を不服として，中央労働委員会や裁判で争う可能性はあるが，法的責任について一定の判断が示されたことは，大きな前進と見られている。

　配達員らは，報酬を決める計算手順がアルゴリズムで決められ不透明だとして，2019年に労働組合を結成して，団体交渉を申し入れていたが，Uber側は配達員が個人事業主にあたるとして，全く応じてこなかった。

　しかし，労働組合法の趣旨は交渉力の弱い働き手を保護することにある。東京都労働委員会は，Uberがサービス基盤の提供だけでなく，配達業務の遂行に様々な形で関わり，配達員を事業に不可欠な労働力として組み入れていると認定した。契約内容も個別交渉の余地がなく，対等な関係性は認められないとも指摘した。そうした実態を踏まえ，労働組合法で保護すべき労働者だと判断した[4]。

　欧州では積極的に対応しようとしている。欧州連合は，スマホアプリなどで，配達などの仕事をその都度請け負う働き方が浸透していることに注目してい

る。アプリを提供するプラットフォーマーを，労働を担う働き手の「雇用主」と見なし，待遇を改善する法整備を進めている。

米国カリフォルニア州では 2020 年 1 月に，こうした働き手を企業が従業員として扱い，最低賃金の保証や雇用保険，労災保険などの対象になると定めた州法が施行された。しかし，Uber などが反発。2020 年 11 月の住民投票で，配車アプリの運転手はこの州法の対象外となった。一方，ワシントン州シアトル市で 2022 年 5 月，料理の配達員などの最低賃金保証などをめざした法案が可決された。働き手の保護を進める動きは続いている[*5]。

(2) 超過労働の隠蔽

しかし問題は，プラットフォームの会社だけではない。委託先の運送会社にも，問題がある。それはダミー ID という問題である。

アマゾンは，配達員の労働時間が週 60 時間を超えないよう独自の基準を設け，配達委託する運送会社に示している。配達員の労働時間はアマゾンのアプリを通じて管理されているが，セール期間や年末年始などは荷物が多く，超過してしまう場合がある。

超過があると，運送会社は，アマゾンから注意などを受ける可能性がある。そのため，60 時間を超えそうな配達員には，超過分の報酬は支払いつつ，他人の ID を使わせて超過がばれないようにしていたらしい。

こうした不正は労働時間の安易な超過につながり，疲労や眠気から事故を引き起こす場合もある。このため 2022 年 6 月に神奈川県横須賀市で結成されたアマゾン配達員の労働組合は，県内の運送会社とその下請け会社に，他人の ID を使わせないよう要求書を提出した。

運送会社は話し合いに応じている一方，アマゾンは配達員との間に直接の契約関係がないため，「配達員は従業員ではない」として交渉に応じていない。

日本の企業間構造は，下請け，孫下請けなど多重化している。こうした日本特有の企業間関係を視野に入れて対策を練るべきである。

(3) デジタル従属

配達員への指示はアルゴリズム（計算手順）が決めているが，アプリによる

管理が直接の指揮命令にあたるかが問題になる。アプリを作っているのは人間なので，人間の指示が間接的に及ぶ。EU は，そんな「デジタル従属」の考え方に基づき，アプリの提供元を雇用主と見なす法整備を進めている。

　日本の議論は遅れ気味である。宅配業界は多重下請け構造で，しわ寄せはいつも最下層の配達員が負わされる。アプリを通じて指示を受ける個人事業主の働き方が広がる中，働き手の労働環境をどう守るのか，目を向けていきたい。

　運送会社が高い倫理観を持つと同時に，リモートワークを一方的に見ないで双方向的に見ることができるかがポイントになる。リモートワークについては，それを利用する立場と利用される立場では，大きく異なる。牛丼チェーン「すき家」の場合，経営者は人員削減，コスト削減ということで，アプリやアルゴリズムを活用しているので，大いに有益であるということができる。しかし，アルバイトやパートなどにとっては，働き手が削減され，時間作業的に指示が出てくるので，必ずしも便利なものでなく，いっそう忙しくなる。

　リモートワークを東京から地方という視点で見れば，コスト，時間を節約できるので効率的なものである。しかし地方から東京を見れば，リモートワークは制約的なものになる。

　リモートワークの双方向的視点が重要である[*6]。

6　ポスト情報革命と労働力市場

① 大量解雇

　懸念される最初のことは，「大量解雇」である。情報化，デジタル化が一段落したということで，情報産業の企業経営者がいっせいに人員の見直しを進める可能性がある。

　「日本経済新聞」（2022 年 11 月 18 日）は，FINANCIAL TIMES の編集委員のリチャード・ウォーターズ氏の論説を紹介し，Amazon.com やフェイスブックの親会社メタが 1 万人規模の従業員削減を発表したことを報じ，こうしたテック企業の解雇はこれまでの過剰採用と経済予測の甘さからくるものだと，

経営者を厳しく批判した。

　こうした行為は，欧米日の大企業や中小企業が，公益主義的経営を展開している中で，水を差す行為であり，許されるものではない。公益主義的経営は1985年から2008年までの株主価値経営の反省から来るものであり，バンク・オブ・アメリカのモイニハン CEO は，公益に反した場合は，辞任するとまで言い切っている。

　株主価値経営を経験した経営者は，株主価値経営優先を反省し，直ちに利益を上げることだけを考えない，消費者を儲けの手段にしない，労働者をコストと見ない，環境よりも事業を優先しない，効率が悪いといって簡単に事業を切り捨てない，効率の高い事業のみに特化しないことを誓ったばかりである。

　いうまでもなく，株主価値経営は，目標の売上高，営業利益を実現し，効率性を追求して ROE を高め，株価の成長を実現させて，株主利益を最大化する経営方法であり，すべての利益を株主に収斂するものである。

　経営者は，いま短期主義を長期的視点に転換し，環境・社会に配慮して手段を択ばずという方法を改め，株主利益優先をすべてのステークホルダーへの配慮に転換している。

　したがって，テック企業の大量解雇は許されないのである。まずは，大量解雇の前に，株主利益（株主の期待収益）を削減し，経営者報酬を削減することが優先事項である[7]。

②　健康被害

　こうした産業構造の発展は，単なる企業競争力の問題だけではなく，深刻な社会的問題も引き起こす。例えば，19世紀の産業革命は，石炭燃料の利用により，石炭を燃やした後の煙やススが霧に混じって地表に滞留し，スモッグと呼ばれる現象を起こして呼吸器疾患など多くの健康被害を引き起こした。

　それでは，情報革命はどうであろうか。

　2020年11月の米英欧の中央銀行総裁フォーラムにおいて，パウエル米連邦準備理事会議長は，「コロナ危機後の世界でデジタル化が進み，生産性は改善する。しかし失業などの痛みが長引く。サービス業などで働く比較的賃金の低い労働者は失業の脅威に悩まざるをえない。ワクチンが開発されて日常を取り

項目	産業革命	情報革命
時代	19 世紀	20・21 世紀
労働環境	健康被害 　　スモッグ 貧困	〈労働基準法の未適用〉 ・健康被害－過労（AI 導入が拍車） 〈新たな貧困と格差〉 ・大量解雇 ・事故には自己保険で対応

出所：筆者作成。

戻しても，労働者が新たな経済で求められる技能は様変わりする」と指摘した。

　つまり，デジタル化の中で，ある部分の若者が取り残され貧困という問題を新たに生み出すであろうというものであった。

　したがって，情報革命は生産力と生産性を飛躍的に発展させるが，新たな貧困問題も生み出すという冷静かつ厳しい見方も必要である。企業経営的には，こうした両面のメリット・デメリットも認識しつつ，どのような調和ある企業・経営活動を支援していくか，高いレベルでの経営・社会対応での問題意識を保持していかねばならない[8]。

注

＊1　公正労働基準法（Fair Labor Standards Act of 1938）の内容と成立過程については，1938 年に米国において制定された連邦法律である。1940 年に発効した。週最高 44 時間制労働を導入し，1 時間 \$0.25 の最低賃金を制定した。いくらかの職種における超過勤務の時間給を 5 割増しと規定した。16 歳未満の児童による就学時間内の労働や「苛酷な児童労働」を禁止し，児童就労に実質的に終止符を打った。本法の適用対象は，州際通商および州際通商のための商品生産に従事する被用者であった。ただし，当初の適用範囲は限定的であり，小売り，サービス業，漁業，小規模地方電話交換，小規模週刊紙，地方のバス・市街電車，海員，鉄道，トラック，航空，農業，季節的産業が適用除外とされた。その後，適用対象者を拡大する改正が数次にわたり行われ，今日にいたっている。ギグワーカーを賃金の面から，また業務の面から，どのように捉え，公正な労働環境・条件を制定するのは，公正労働基準法の重要な責務と考えられる。

　なお，本講においては，内閣官房・公正取引委員会・中小企業庁・厚生労働省［2021］を参照した。

＊2　ギグワーカーの就労動向については，日本経済新聞［2022a］を参照せよ。

＊3　情報化における意義と問題点については，坂本［2022］に詳しい。
＊4　東京都労働委員会の決定については，片田［2022］の指摘が興味深い。
＊5　労働組合設立の動きについては，朝日新聞［2022］を参照せよ。
＊6　リモートワークの概念については，大原記念労働科学研究所［2022］に詳しく述べられている。
＊7　米国でのIT関連企業での人員削減については，日本経済新聞［2022b］を参照せよ。
＊8　産業革命における〈健康被害〉および〈貧困と格差〉については，坂本［2022］を参照せよ。

参考文献

朝日新聞［2022］「声上げるアマゾン配達員」2022年9月6日。
大原記念労働科学研究所［2022］「特集　働き方の未来を50人が読む〈第2回調査報告〉」『労働の科学』2022年10月号。
片田貴也［2022］「取材考記　超過労働　アマゾン配達員　守る議論を」『朝日新聞』2022年10月27日。
坂本恒夫［2022］「第4講　情報革命」鳥居陽介編，現代財務管理論研究会著『テキスト財務管理論（第6版）』中央経済社。
内閣官房・公正取引委員会・中小企業庁・厚生労働省［2021］「フリーランスとして安心して働ける環境を整備するためのガイドライン」2021年3月26日。
日本経済新聞［2022a］「ギグワーカー，米で急増　料金上昇　ウーバー運転手500万人」2022年8月4日。
日本経済新聞［2022b］「米テック，人員削減最多　11月までに8万人，人材流動化の兆し」2022年12月3日。

企業と商品・サービス市場 第6講

1 商品・サービス市場の特徴
- 価値創出を働きかける原料や価値を実現する商品を調達
  - ①商品・サービスとは何か
    - 商品とは，企業が保有する経営資源（ヒト・モノ・カネ・情報）を投入して生産した新たな"モノ"
  - ②商品・サービス市場とは何か
    - 買い手と売り手が売買を行う抽象的場所

2 製造業のマーケティング
- 企業と商品・サービス市場との関わりは，購買市場での原材料・資材の購入，そして販売市場での生産物の売却
- 製造業の販売活動は，価値実現の最終段階である
- 日本では1950年以前，製造業の製品販売は商社が担う
- 日本の代表的な商社，三菱商事，三井物産，住友商事，伊藤忠，丸紅，双日など
- 商社の役割，①販売の代行 ②取引の仲介 ③問題解決 ④ M&A など
- 1950年以降，企業自らが販売の担い手に成長
- 大規模企業，販売活動を商社から自立化
- ① 市場分析 ②デザイン ③宣伝 ④ブランド ⑤価格戦略を展開

3 小売業のビジネス展開
- ①高値・「掛け売り」の時代
  - 日本においては，1955年位まで部分的に継続
  - 農業経済から産業経済に移行する中で，少しずつ変化
  - 金利に相当する金額を価格に上乗せ
- ②大量販売，低価格の時代
  - 大規模スーパーマーケットは商品の大量陳列と値引きの薄利多売を実現
  - チェーン展開による多数出店を進め，価格決定権に強い発言力
- ③小規模店舗の効率化の時代
  - コンビニエンスストアとは，食料品を扱う，セルフサービス，売り場面積が，300平方mから250平方m，営業時間14時間以上

4 プラットフォーマー・リテールの時代
- プラットフォーマー（IT企業）が，仲介者として，物の売買をするもので，顧客にあたる購入者はあらゆる階層，あらゆる地域の消費者である

1　商品・サービス市場の特徴

　企業は，労働力市場，商品・サービス市場という3つの市場の上に立脚しているが，とりわけ商品・サービス市場からは価値創出を働きかける原料や価値を実現する商品を，それぞれ調達している。

①　商品・サービスとは何か

　企業にとって商品とは何か。商品とは，企業が利益を獲得するために保有する経営資源（ヒト・モノ・カネ・情報）を投入して生産した新たな"モノ"である。企業は商品を販売したり流通させることで利益を得る。

　さらに，商品は"財"と"サービス"に分類できる。財はいわゆる有形商品であり，これには情報も含まれる。具体的な例としては，自動車，家電，食品などが挙げられる。サービスは無形商品であり，分けることができず（不可分性），その場かぎりで消費するため（同時性），保有することができない（消滅性）といった特徴を有している。具体的な例として，大学の講義，ホテルでの宿泊，航空機や鉄道といった運輸などが挙げられる。

　商品は買い手（企業や個人など）の欲求を満たす要素を含んでおり，買い手はそれに見合った対価を払うことで，商品を入手してその欲求を満たすことが可能となる。その結果，企業は報酬（売上）を得ることになり，売上と投下したコストとの差額，つまり利益を計上する。商品は企業にとって事業を遂行する上で必要不可欠なものである。

②　商品・サービス市場とは何か

　市場は買い手と売り手が多数存在しており，双方が売買を行う仮想空間として認識できる点が特徴である。例えば，金融商品取引所を思い浮かべてみよう。取引所がある建物自体を我々は見ることができるが，株式などが取引されている取引所そのものを市場として視覚で捉えることは不可能である。

　また市場は財やサービスの数だけ細分化して存在しており，それぞれの市場の境界線は明確ではなく複雑に絡み合っている。例えば，自動車市場を考えて

みると，自動車の中でも普通自動車，大型車などそれぞれの形態で市場を分類することが可能であるし，個別の自動車の車種でも市場として捉えることができる。このような複数の市場を明確な境界で区別することは現実的には不可能である。

さらに市場同士は相互に影響し合っている。例えば，コメの市場において価格が高騰したり供給量が減少した場合には，代替品であるパンや麺の市場で需要が伸びたりするケースが考えられる。情報化が進展している現在，市場は拡大し複雑化しており，ある市場の動向が他の市場の需給や価格などにますます影響を与える傾向にある。

財やサービスの数だけ市場は存在し，1つの商品で市場を形成している場合もあれば，複数の商品で市場を形成している場合もある。さらには，市場と市場が重なり合っている場合もあるし，分類の方法によって変化することもある[*1]。

2 製造業のマーケティング

企業と商品・サービス市場との関わりは，購買市場での原材料・資材の購入，そして販売市場での生産物の売却である。

購買市場も企業にとってはきわめて重要であるが，ここではとりわけ販売市場について言及してみよう。

まず，製造業の販売活動は，価値実現の最終段階であるので，様々な工夫が行われている。

日本においては，1950年以前までは，製造業そのものには販売能力が備わっていなかった。したがって，製造業の製品販売は商社が担っていた。

商社，日本の代表的な商社とは，三菱商事，三井物産，住友商事，伊藤忠，丸紅，双日などであるが，これらは役割として，①販売の代行　②取引の仲介　③問題解決　④ M&A などを担っていたのである。

しかし，製造業が次第に営業力を身につけてくると，1950年以降，企業自らが販売の担い手に成長してきた。製造業の中でも大規模なものは，販売活動

図表6-1	商品・サービス市場の展開	
1950年以前	商社	①販売代行②取引仲介③問題解決④ M&A
1950〜2000	大メーカー	①市場分析②デザイン③宣伝④ブランド⑤価格戦略
2000〜現代	プラットフォーマー	・プラットフォーム・カード会社・宅配業者で構成

出所：筆者作成。

を商社から自立化させるとともに，①市場分析　②デザイン　③宣伝　④ブランド　⑤価格戦略などを，独自に展開させることとなる。

　しかし，ここでは，小売業のビジネス展開について，今日の情報革命と関連づけて，説明していこう。

3　小売業のビジネス展開

①　高値・「掛け売り」の時代

　高値・「掛け売り」は，第二次世界大戦前の日本経済が農業に依存していたことと無縁ではない。

　高値・「掛け売り」は日本においては，1955年（昭和30年）位まで部分的に続いていた。しかし日本が農業経済から産業経済に移行する中で，少しずつ変化していった。それは，売値および買値の問題である。「掛け売り」をする場合，お金を回収するまで，売り手は購入者に事実上，資金を融通したことになる。したがって，その期間，金利に相当する金額を価格に上乗せしなければならない。また，売値はその分高くなる。金利相当分の上乗せ価格である。当時，販売価格が高値であったのは，こうした理由からである[*2]。

②　大量販売，低価格の時代

　スーパーマーケット（supermarket）とは，高頻度に消費される食料品や日

用品等をセルフサービスで短時間・短期間に販売するリテールビジネスである。

1910年代，米国の小売業をリードしていたのは，エコノミーストアと呼ばれる販売形態で，来店した客はカウンター越しに店員に注文し，店員が棚や倉庫から商品を取り出して代金と引き換えに商品を渡す方式（現在でも，日本の小規模な精肉店などは，この方式である）であった。このような販売形態は高級宝石店などに見られる方式であるが，当時は食品販売でも一般的であった。食品や商品は消費者が購入するサイズにまで分けて包装されていないものが多く，その場合は客の注文に応じて店員が切り分けて包装する必要があるなど，労働力への依存が大きい販売形態であった。

そこで新たな販売形態として，売場のセルフサービスが登場した。セルフサービスの起源は，1916年の米国の起業家クラレンス・サンダース（Clarence Sanders）であった。彼は1916年に，セルフサービスを始めたが，それは来店した客を直接倉庫に入れて自ら商品を手に取って選べるようにし，集中レジで精算するという形態であり，店舗での省力化を目指すものであった。

今日的なスーパーマーケットを創始したのは，マイケル・J・カレン（Michael J. Cullen）であった。1930年にニューヨークの6,000平方フィートの空きガレージで始めた店舗で，「高く積み上げ，安く売る」をスローガンとして経営し，中心街から数ブロック離れた大型倉庫を店舗として広い駐車場を用意し，過去に見られないほど低価格での商品販売が行われるようになった。

1930年代には既存の食料雑貨チェーンもあり，カレンのアイデアに抵抗していたが，世界恐慌で景気が落ち込み，消費者が低価格志向になっていたため，結局それらのチェーンもスーパーマーケット方式に転換せざるをえなくなった。1937年にはキャスター付きショッピングカートが開発され，来店客がさらに多くの買い物をする要因になった。

1945年以降，第二次世界大戦後だが，郊外の宅地開発が進むにつれて，米国ではスーパーマーケットがさらに広まっていった。これらの多くは，郊外のショッピングセンターの核店舗として建設された。

また，モータリゼーションによって，自家用車で買い物に行くという文化が生まれ，駐車場を備えた大規模スーパーマーケットが定着した。こうして，商品の大量陳列と値引きによる薄利多売を実現し，チェーン展開による多数出店

を進めたスーパーマーケットは，次第に流通業の中で影響力が大きくなり，これまでメーカーや問屋が握っていた価格決定権に強い発言力を持つ存在となった。

③ 小規模店舗の効率化の時代

コンビニエンスストアとは，経済産業省の業態分類では，「食料品を扱う，セルフサービス，売り場面積が，300平方mから250平方m，営業時間14時間以上」と定義されている。つまり，「長時間あるいは年中無休で営業する，売り場面積は小型の，飲料食料品を主とした生活最寄り品をセルフサービスで販売する店」である。

コンビニエンスストアは，ほとんどがフランチャイズチェーン方式である。フランチャイズとは，フランチャイザーと呼ばれる事業者が他のフランチャイジーと呼ばれる事業者との間に契約を結び，自己の商標，サービスマーク，トレード・ネームなどの営業の象徴となる標識，および経営のノウハウを用いて，同一のイメージをもとに商品の販売その他の事業を行う権利を与え，一方フランチャイジーはその見返りとして一定の対価を払い，事業に必要な資金を投下してフランチャイザーの指導および援助のもとに事業を行う両者の継続関係である。ロイヤリティは，20～45％といわれている。

コンビニエンスストアの魅力は，その利便性にあるといわれている。

(1) いつでも買うことができる

(2) 近くで買うことができる

(3) 様々なものを買うことができる

コンビニエンスストアは，このような便利さが強調されるが，本当に「便利さ」を目的に設立されたのであろうか。もちろん，そうではない。コンビニエンスストアは，小規模小売業の「外食産業化」である。外食レストランがセントラルキッチンによって厨房の場所と料理人を排除したように，コンビニエンスストアでは，スーパーマーケットのような調理場などのバックヤードが存在しない。それは専用工場と配送センターに集約されているのである。したがって，総菜は作れないし，お刺身などの魚介類販売はできない。このように料理人の人件費を排除して，弁当やおにぎり，そしてサンドイッチなど単純な食べ

物に統一して大量生産で商品を供給する。つまり，人件費などを極力節減しているのが，コンビニエンスストアである。

④ プラットフォーマー・リテールの時代

1994 年 Amazon.com は，新たなリテールビジネスを開発した。

これは，プラットフォーマー（IT 企業）が，仲介者として，物の売買をするもので，顧客にあたる購入者はあらゆる階層，あらゆる地域の消費者であるといえる。商品の提供者は，書籍，食料品，衣料，電気製品のメーカーなどである。このシステムでは，物流業者，金融業者も協力してシステムを支えている。

物流業者は宅配などの巨大物流センターであり，現金の利用が必要ないキャッシュレスを実現するため，カード会社が協力している。

Amazon.com の創業者は，ジェフ・ベゾス（Jeffrey Preston Bezos）である。彼は 1994 年に米国シアトルで創業し，2021 年 7 月まで CEO を務めた。テック起業家の 1 人で，究極の便利さ－ワンクリックで商品を購入できるシステム－を世界に拡げた。アルゴリズム経営と呼ばれる手法によって問題に取り組み，タスク完了の一連の指示によって，経営課題を解決した。商品供給をバックアップするために，人と機械が協働する巨大倉庫を世界に構築した。ベゾスは，市場シェアについて飽くなき追求心を持ち，食品スーパーの買収に巨額のおカネを投じている。口癖は，「デイワン精神」であり，創業時の気持ちを忘れないということで，ドローンでの宅配，レジなし店舗などのアイデアマンでもある[3]。

図表6-2　小売業のビジネス展開

販売形態	代表的ビジネス形態
高値・掛け売りの時代	呉服商など
大量販売，低価格の時代	スーパーマーケット
小規模店舗効率化の時代	コンビニエンスストア
プラットフォーマー・リテールの時代	IT 企業

出所：筆者作成。

　最後に Amazon.com の小売業務展開の問題点を指摘しておこう。

　まず第1は，雇用の問題である。同社では，例えば本社業務の従業員と配送センターの従業員の雇用条件や報酬などには大きな格差があるといわれている。これに関連して，労働組合の結成などの動きが見られるが，Amazon.com のトップの対応は消極的であり，これらの問題点については厳しい批判が存在している。

　第2は，収益問題である。コロナ感染の急速な拡がりで，いわゆる巣ごもり需要が増加したが，そのおさまりの中で，収益が落ち込んでいる。こうした中で投資家などからは，いっそうの経営努力が求められているが，必ずしも有効な手立てが打てていない。ベゾスなき経営陣がどのように対応するか注目されている。

　第3は，反トラスト法問題である。従来から既存の小売業への圧力が問題になっていたが，その弊害があまりにもあからさまだとの批判が出ている。例えば，Amazon.com はあえて販売価格を低くして，他の小売業者に圧力をかけたり，市場から排除するなど，公正な競争を阻害していると指摘されている。

　プラットフォーマー・リテールの時代では，こうした指摘された問題に誠実に応えていくことが大切である。

注

* ＊1　林［2015］を引用。
* ＊2　ここでの金利とは，貸付業者に支払う金利ではなく，受け取りが遅くなるという意味の時間コスト（未入金利）である。
* ＊3　日本経済新聞［2021］。

参考文献

日本経済新聞［2021］2021年7月6日。
林　幸治［2015］「第8講　企業と商品・サービス市場」坂本恒夫・大坂良宏・鳥居陽介編著『テキスト　現代企業論（第4版）』同文舘出版。

企業と金融市場

1　資金の調達市場
金融市場からは価値を生み出す資金を調達
①短期資金金融市場
　銀行から資金を借入れて代金や賃金の支払い
②長期資金金融市場
　企業の規模が大きくなるにつれて設備資金が必要
　規模が大きくなり運用が長期にわたると，株式や社債の証券の発行で資金を調達
③金利コスト
　市場の資金需給によって金利は決定

2　資金の運用市場
企業にとって資金の効率性も大切
遊休資金は規模が大きくなると高いリターンが得られる金融商品に投資
金融収益を企業にもたらす

3　銀行が仲介する市場
銀行は金融市場の中核に位置し，その存在は圧倒的
銀行は，当初は企業の余剰資金や資産家のおカネの運用機関として存在
重化学工業の時代になると，短期だけでなく長期の資金も貸し出す

4　証券会社が仲介のサポートをする市場
証券による資金調達は株式会社
株式会社は，資本を証券（株式）化
証券形態の株式が一般化，借入金の大規模化を解消するため社債発行
投資家のニーズと企業のニーズが多様化，優先株のような様々な株式，社債類似証券発行

5　プラットフォーマーが仲介のサポートをする市場
①プラットフォーム
②ベンチャービジネス
③クラウドファンディングの種類
　（1）購入型（2）寄付型（3）融資型（4）株式投資型（5）ファンド型（6）ふるさと納税型
④クラウドファンディングの課題

1　資金の調達市場

　企業は，労働力市場，商品・サービス市場，金融市場という3つの市場の上に立脚している。労働力市場からは価値を創り出す労働力を，商品・サービス市場からは価値創出を働きかける原料や価値を実現する商品を，そして金融市場からは価値を生み出す資金を，それぞれ調達している。

　金融市場はいくつもの市場から成り立っている。

①　短期資金金融市場

　日常的な企業活動には資材の調達，労働力の確保が必要だが，これらの活動のすべてで資金が必要である。企業の設立や小規模のビジネスでは自己資金で賄われるが，規模が大きくなるにつれて，銀行から資金を借入れて，代金や賃金が支払われる。これが短期資金の金融市場である。

②　長期資金金融市場

　企業の規模が大きくなるにつれて，設備資金が必要になる。設備資金も銀行借入れで賄われるが，その規模が大きくなり，運用が長期にわたると，株式や社債の証券の発行で資金が調達される。これが長期資金の金融市場である。

③　金利コスト

　市場ではおカネの価格，金利によって資金が調達される。資金の需要が旺盛な時は金利は上昇するが，低迷している停滞期は金利は低下する。金利は企業などの調達側の状況で決まるが，同時に提供側の銀行の事情によっても変化する。資金が過剰な時は金利は安くなるし，資金状況がタイトな時は金利が高くなる。つまり，市場の資金需給によって金利は決定されるのである。

図表 7-1	企業と金融市場

・調達市場	短期資金・長期資金
・運用市場	遊休資金

出所：筆者作成。

2 資金の運用市場

　企業にとって，資金の調達市場がきわめて重要だが，資金の効率性という点では，運用市場も大切である。

　資金がビジネスで利用されていない場合，それを遊休資金と呼んでいるが，通常は銀行に預けられて，必要な時に引き出される。しかし，その規模が大きくなると，高い金利が得られる金融商品に投資されて，事業収益ではない金融収益を企業にもたらすこともある。特に今日では膨大な利益が，あるいは減価償却基金が企業に滞留しており，これらの資金をいかに有効に使うかは企業の死活を左右するといってよい。

3 銀行が仲介する市場

　企業は，通常，日々の資金繰りのために銀行借入れを行うが，企業競争の観点から設備投資のためにも銀行借入れを行う。設備投資のための銀行借入れは，回収が長期にわたるため，担保を差し出すことや，収益力を基準にして，借入額や金利が決定される。

　企業と銀行との関係が良好な場合，返済は繰り延べられたりするが，資産内容や収益力に不安がある場合は，期日の返済が迫られる。

　借入額が，大規模で長期にわたる場合は，銀行は預金を基本にして貸し出しているので，貸し出しの規模や期間には限界がある。

　設備資金の規模や期間で借入れが厳しい場合は，株式や社債などの資金調達が考えられる。

　銀行は，金融市場の中核に位置し，その存在は圧倒的である。銀行は，当初は企業の余剰資金や資産家のおカネの運用機関であったが，重化学工業の時代になると，長期の資金も貸し出すようになる。しかし，それでは流動性の面で不安があるので，証券制度を利用することによって，長期資金金融を実現する。

4　証券会社が仲介のサポートをする市場

　証券による資金調達を行うには企業形態的には株式会社であることが前提である。

　株式会社は，当初，長期の資金調達では，資本を担保にして借入れを行っていたが，返済が負担になった場合，資本を証券（株式）化して借入れの返済にあてた。これが一般化すると，株式会社は株式を発行して資金調達を行い，これを担保に銀行借入れを行った。

　証券形態の株式が一般化すると，借入金の大規模化を証券で解消するために社債が発行される。また投資家のニーズと企業のニーズが多様化すると，優先株のような様々な株式，社債類似証券が発行される。

　以上のように，企業は短期資金は銀行から，長期資金は証券市場から調達するが，情報革命が進行してくると，プラットフォーマーを介して資金調達をするようになってくる。これがクラウドファンディングである。

図表 7-2　　仲介者による分類

仲介者	内容
・銀行	借入金
・証券会社	証券（株式・社債）
・プラットフォーマー	クラウドファンディング

出所：筆者作成。

5 プラットフォーマーが仲介のサポートをする市場

① プラットフォーム

プラットフォームとは何か。プラットフォームとは，通常，鉄道の駅などで電車の乗り降りをする土台のことを指すが，IT の分野では，ある機器やソフトウェアを動作させるのに必要な，基盤となる装置やソフトウェア，あるいはそれらの組み合わせのことを，プラットフォームと呼んでいる。

起業家は，事業を始めるに際しての資金調達を，仲介するプラットフォーム会社に依頼する。仲介手数料は，ビジネスモデルにより異なるが，10％から20％の幅の中であるといわれている。

ベンチャービジネスの場合，ベンチャーキャピタルが資金を提供して，ゼネラルマネジャーが，起業家にアドバイスして，助言料・成功報酬を獲得するが，クラウドファンディングの場合は仲介手数料ということになる。

② ベンチャービジネス

ベンチャービジネスの概念の基本的・根本的なものは，「ベンチャーキャピタルから資金の提供を受けている」というものであるが，最近，新規起ち上げ起業の中には，「クラウドファンディング」で資金を調達する企業が出てきた。

クラウドファンディングでは，資金調達を大衆（投資家）に呼びかけるのであるが，その際大切なのが，その事業への投資家の共感である。

したがって共感なき資金調達は在りえず，クラウドファンディングは共感を

図表7-3 起業の多様化

企業形態	資金調達先
中小企業	個人・銀行
ベンチャービジネス	ベンチャーキャピタル（ファンド）
新ベンチャービジネス	クラウドファンディング（社会的投資家，公衆）

出所：筆者作成。

基盤としている。

クラウドファンディングとは，群衆（crowd）と資金調達（funding）を組み合わせた造語である。クラウドファンディングは，アーティストの支援，映画，発明品の開発など幅広い分野への出資に活用されている。これは，特定のプロジェクトまたはベンチャーに，多くの人々から少額の寄付を通して出資を集めるというコンセプトが基本になっている。

東日本大震災をきっかけに広く知られるようになり，支援者から高い共感を得た社会貢献事業への寄付，事業化初期段階の製品やサービス開発への出資など，今まで資金調達が難しかった小規模プロジェクトへの資金供給が拡大している。

クラウドファンディングは，投資家と資金調達者をプラットフォームというネット上のサイトを介して結びつけ，そこで資金のやり取りを行うものである。いずれのクラウドファンディングのタイプにもプラットフォームが存在し，それを運営する会社が存在する。資金調達者は自分のビジネスプランをプラットフォームで説明し，調達目標金額，資金使途やリターンなどを明示する。

③　クラウドファンディングの種類

クラウドファンディングという言葉は，クラウド（群衆）とファンディング（資金調達）の造語である。

多くの人から資金を集めるという行為は，海外では美術品などアートの分野で古くから存在していたし，日本でも寺院や仏像の造営・修復で信徒から寄付を集める「勧進」などの例を見ることができる。

それでは，それらの寄付行為とクラウドファンディングがどのように異なるかといえば，それは IT 化・情報化というものを背景とした寄付行為であるということである。

クラウドファンディングは，インターネットの普及に伴い 2000 年代の米国で始まり，先駆的なサービスが次々と開発されて，ビジネスが飛躍的に発展していった。米国の代表的サービスは，『Indiegogo』や『Kickstarter』などといわれている。日本では，2011 年 3 月の『READYFOR』や同年 6 月の『CAMPFIRE』が本格的なスタートである。

クラウドファンディングは，資金やリターンのあり方によって，次の6つに
分類される。

(1) 購入型

提案されたプロジェクトに対して支援し，モノやサービスを得る仕組み

(2) 寄付型

提案されたプロジェクトに対して，支援者がお金を寄付する仕組み，お
礼として手紙や写真を送る。震災などの被災地への資金提供が一般的。

(3) 融資型

事業者が仲介し，資産運用をしたい個人投資家から小口の資金を集め大
口の資金とする。ソーシャルレンディングとも呼んでいる。

(4) 株式投資型

株式会社が行う資金調達である。個人投資家へ非公開で株式を提供する。
未公開株式の取得ということになる。

(5) ファンド型

特定の事業が個人投資家から資金を提供してもらい，ファンドを形成す
る。個人投資家はリターンを受け取る。

(6) ふるさと納税型

自治体が解決したい課題をプロジェクト化し，共感をした人からふるさ
と納税を募る。寄付金の控除が受けられる。

④　クラウドファンディングの課題

クラウドファンディングの課題について，最後に述べておこう。

まず第1は，資金が集まった場合は問題がないが，集まらなかった場合，コ
ストが高くなるということである。つまり資金が集まるか集まらないかに関わ
らず，仲介手数料の支払いを求められるということである。キャンセルをすれ
ばよいではないかと考えるが，それはできない仕組みになっている。

第2の問題は，投資家の「共感」を維持し続けることの大変さである。当初
は「共感」を持って歓迎されても，連続的にそれを維持し続ける努力である。
連続的に新規のイベントを行うなどの努力が必要である。

第3の問題は，詐欺的共感が存在することである。実態のない事象を語り，

図表7-4	クラウドファンディングの構図

新ベンチャービジネス
　・デザインシンキング
　・大企業との関係
　・出口戦略

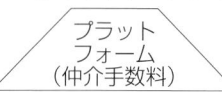

共感
資金提供
（クラウドファンディング）

プラット
フォーム
（仲介手数料）

・社会的投資家
・公衆

出所：筆者作成。

資金を集めることだけを目的とするクラウドファンディング行為が横行している。それが実際的に効果と成果を上げており，リターンが誠実に実施されているか見極めなければならない。

企業の資金調達

1 資金調達の意義
事業を始める個人，事業やプロジェクトを行う企業も資金調達を行う必要性

2 資金調達の推移
金融機関からの借入依存から，社債や自己資本による資金調達へ

3 資金調達方法
①アセット・ファイナンス
　自社が保有する資産を活用して資金調達をすること
②エクイティ・ファイナンス
　新株式発行を伴う資金調達
　普通株式，優先株式，劣後株，転換社債型新株予約権付社債（CB），新株予約権付社債（ワラント債）などのエクイティ商品の発行による資金調達
③デット・ファイナンス
　契約した期間に決められた金額を返済しないとならない。この契約が果たせないときは，債務不履行となり，最悪のときには，倒産に追い込まれる場合がある。
　銀行借入，コミットメントライン，シンジケートローン，社債，コマーシャル・ペーパーなどによる資金調達
④メザニン・ファイナンス
　エクイティ・ファイナンスとデット・ファイナンスの中間に位置づけられる資金調達方法
　優先株式，劣後債，劣後ローン，バイアウト・メザニン，コーポレート・メザニン

4 エクイティ・ファイナンスとデット・ファイナンスとの相違
相違点：経営参加権の有無，利益の分配，残余財産に対する地位，償還義務の有無，倒産手続きにおける地位の差異

5 クラウドファンディング
インターネットを通じて自分のプロジェクトや夢を発信し，それに共感した人から資金を集める仕組み

6 MM 理論
資金調達と税の関係について重要な理論
企業の資本構成（資金調達方法）が企業価値に影響しないとする理論
ペッキングオーダー理論：情報の非対称性から資金調達を考察したもの

1 資金調達の意義

　事業を開始しようとする個人は，自分自身の預金や親族・友人から資金を借りるか，銀行や企業から資金の調達を行う。企業もまた事業やプロジェクトを行う際，資金調達を行う必要がある。その際，企業が資金調達を行う方法について本講で説明する[1]。

2 資金調達の推移

　戦後，日本の企業は銀行からの借入による間接金融によって，成長してきた。しかしながら，1990年以降大企業の資金調達方法が大きく変化してきた。図表8-1で見るように，それまでの金融機関からの借入依存から，社債や自己資本による資金調達へと変化している[2]。

　日本において，これまで間接金融（銀行からの借入）が，直接金融（市場からの資金調達）より盛んになった理由は，直接的または間接的に直接金融によ

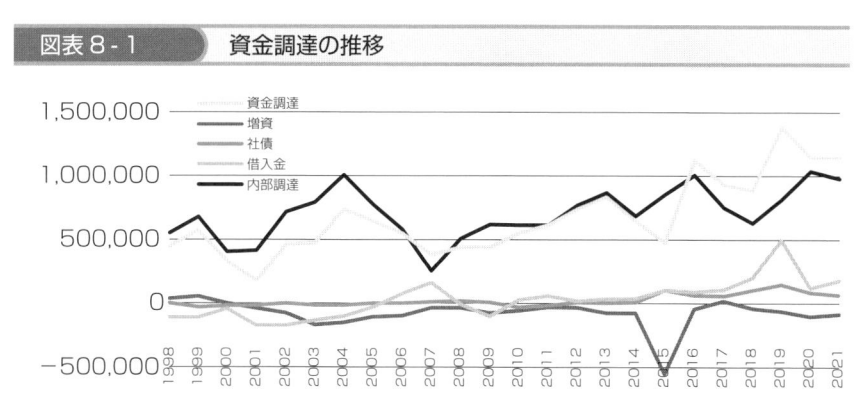

図表8-1　資金調達の推移

注：増資（当期末資金需給）＝資本金＋資本準備金，内部留保（当期末資金需給）＝社内留保＋引当金＋減価償却費
出所：財務省［2023］。

る資金調達方法に様々な制約を課していたためである[3]。例えば, 商法上には, 普通株式, 転換社債, 優先株式, そして劣後株式の概念[4]があったが, 劣後株式に関する実例がなく, 優先株式についても一部の上場企業のみで活用されるだけであった。しかも自己株式の取得が厳しく規制されていたことから, 企業はこのようなエクイティ・ファイナンス (株式などによる資金調達) に対して慎重にならざるをえなかった[5]。

またデット・ファイナンス (社債などによる資金調達) についても, 社債の発行限度額規制が存在し, 社債により資金調達を行うことは容易ではなかった。さらに, 大手証券会社間による申し合わせが存在し, 時価発行増資に対しては配当に関する基準などの様々な制約があり, 社債の発行には有担原則や引受銀行などから構成した起債会による適債基準などがあり[6], 発行には大きな制約となっていた[7]。

3　資金調達方法

資金調達方法には, 主に以下の3つの方法がある。

①アセット・ファイナンス
②エクイティ・ファイナンス
③デット・ファイナンス

次節以降, それぞれについて述べる。また, エクイティ・ファイナンスとデット・ファイナンスとの相違については, 第4節で説明する。

①　アセット・ファイナンス

(1) アセット・ファイナンスの意義

アセット・ファイナンスとは, 自社が保有する資産を活用して資金調達をすることである。アセット・ファイナンスには, 以下の特徴がある。

資金繰りの改善：売掛債権や在庫などの流動資産を売却し，現金化することで，短期的な資金需要に対応できる。また，不動産や機械設備などの固定資産を売却することで，長期的な資金調達が可能になる。

企業価値の向上：資産を売却することで，貸借対照表の総資産が減少し，ROA（総資本利益率）が向上する。これにより，企業の効率性や収益性を高めることが可能となる。

リスクの回避：資産には価値の変動や減損のリスクがある。アセット・ファイナンスによって資産を流動化することで，これらのリスクを軽減できる。また，売掛債権を売却すること（ファクタリング）で，貸倒れのリスクも回避できる。アセット・ファイナンスには，不動産ファイナンス，不動産証券化[*8]，動産担保融資[*9]，リースバック[*10] などの種類がある。それぞれにメリットやデメリットがあるので，自社の保有資産や資金調達目的に合わせて選択する必要がある。

② エクイティ・ファイナンス

(1) エクイティ・ファイナンスの意義

　投資家が企業の株式を購入し株主になる主な目的は，1. 配当を受ける権利，2. 残余財産の分配を受ける権利，3. 株主総会における議決権，そして4. その他会社法で規定されている権利を有するためである。会社法第214条によれば，株式会社はその株式について株券を発行するかどうかを定款において定めることができるとしているが，上場企業については2009年1月に株式振替制度が始まり，株券を発行する旨の定款の定めを廃止する定款変更の決議をしたと見なされている。エクイティ・ファイナンスとは，「新株式発行を伴う資金調達」であり，企業のエクイティ（純資産）の増加をもたらす資金調達，すなわち公募増資，株主割当増資，第3者割当増資などの払い込みを伴う増資をいう。「株式」は，会社と株主の集団的法律的関係を数量的に簡便に処理し，かつ株式の譲渡性を高めるため，細分化された割合的単位の形式をとる。株式会社における社員の地位と理解されているが，「株式」自体の定義は存在していない。

一方，社債は会社法2条23号で明確に定義されている。会社法上，2種類以上の株式を発行している企業においては，会社法108条第1項で定められているものを「種類株」といい，特に定めていないものを「普通株式」という。

具体的に，エクイティ・ファイナンスとは普通株式，優先株式，劣後株式，転換社債型新株予約権付社債（CB），そして新株予約権付社債（ワラント債）などのエクイティ商品の発行による資金調達をいう。転換社債型新株予約権付社債（CB），そして新株予約権付社債（ワラント債）については，後述する[*11]。

(2) 普通株式（Common Stock）

普通株式とは，前述のように会社法108条第1項で特に定めていないものをいう。日本の証券取引所に上場されている株式のほとんどは普通株式である[*12]。

(3) 優先株式（Preferred Stock）

優先株とは種類株式の一種で，普通株に比べて配当金を優先的に受ける，あるいは会社が解散したときに残った財産を優先的に受け取れる等，投資家にとって権利内容が優先的になっている株式のことをいう。ただしその代わり，会社の経営に参加する権利（議決権）については制限されるのが一般的である。発行会社にとっては配当コストがかかるというデメリットがあるが，投資家に有利な条件を提示することで，通常の増資よりも資金調達が容易になる。さらに，銀行のように規制によって自己資本比率が定められている会社にとっては，優先株を発行することでその比率を向上できるというメリットもある。

(4) 劣後株（Deferred Stock）

会社法108条第2項で，「剰余金の配当」「残余財産の分配」などが普通株式より劣位にある株式を劣後株という。一般に劣後株式は会社が新株を発行する際に旧株式の配当を低下させないため，一定期間新株を劣後株にしたり，あるいは既存株主の利益を損なわずに資金調達を行わなければならない場合などに発行される[*13]。

③　デット・ファイナンス

（1）デット・ファイナンスの意義

　契約した期間に決められた金額を返済しないとならないため，エクイティ・ファイナンスと異なる。この契約が果たせないときは，債務不履行となり，最悪のときには，倒産に追い込まれる場合がある。エクイティ・ファイナンスと比較し，財務安定性は損なわれるが，金利が安く，利子相当分を損金算入することができるため，節税効果がある。これをレバレッジ効果と呼んでいる[*14]。

（2）銀行借入

　1990年代後半から企業の資金調達における自己資本の割合が増加し，金融機関からの借入が減少したとはいえ，今でも金融機関からの借入は，企業の資金調達のほぼ半分を賄っている。金融機関からの借入の中心は，銀行借入である。信用保証協会が保証することにより，零細企業でも資金調達することが可能である。

　短期プライムレート（Short - term prime rate）は，「短プラ」とも呼ばれ，銀行が優良企業に対し，短期（1年以内）で貸し出す最優遇貸出金利をいう。

　長期プライムレート（Long - term prime rate）は，「長プラ」とも呼ばれ，銀行が優良企業に対し，長期（1年以上）で貸し出す最優遇貸出金利をいう。

　1989年以降，短期プライムレートは，全国的には都市銀行のレートを各都道府県においては有力地銀のレートを1つの基準として各銀行が決定している。また，各企業への短期の貸出金利については，このレートをもとに，信用リスク等の大きさに応じて上乗せ金利を付け加えて決められている。この短期プライムレートに一定の利率を上乗し決定したものが長期プライムレートである。

　一般に残存期間が長いほど，プレミアムが付いたり，金利変動リスクが高まることなどから，通常利回りは残存期間が長くなるほど高くなり，イールドカーブ（利回り曲線）は右上がりの曲線となる。したがって，長期プライムレートは，短期プライムレートよりも高くなる。例えば，定期預金は一般に1年満期のものより，2年満期のものの方が1年当たりの利率が高くなる。つまり，通

図表8-2 長期・短期プライムレートの推移

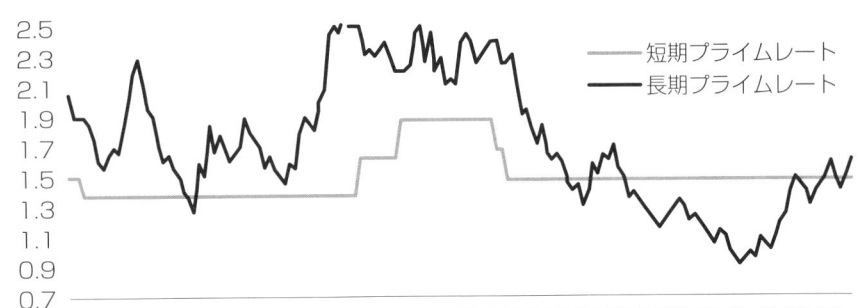

注:「都市銀行が短期プライムレートとして自主的に決定した金利のうち,最も多くの数の銀行が
　採用した金利をデータとした。また2006年8月21日と2009年1月9日は短期プライムレー
　トのデータが複数あったため,前回のデータと同じとした。長期プライムレートには,み
　ずほ銀行が,長期プライムレートとして自主的に決定・公表した金利をデータとした」。
出所:日本銀行ホームページ [2024]。

常では長期金利が短期金利よりも高い傾向にある。しかしながら,2003年5月,
2010年8月そして2011年8月以降,長・短プライムレートが逆転し,短期プ
ライムレートより長期プライムレートが低くなっている。このことを,長短金
利の逆転または逆イールドという。債券,特に長期国債(満期までの期間が
10年弱のもの)を売る(供給する)ことは,長期資金を調達(需要)し,債
券を買う(需要する)ということは運用(供給)するということである。債券
が値上がりすれば長期金利は低下,値下がりすれば長期金利は上昇というよう
に動く。長期金利は,今後の長期間にわたるインフレ,デフレや短期の金利に
関する予想などによって左右される。

(3) コミットメントライン

　コミットメントラインとは,銀行と企業とがあらかじめ定めた期間と融資枠
の範囲内で,企業の求めに応じて,銀行が融資を行う約束をする約束契約であ

る。コミットメントラインは，「安定的な経常運転資金枠の確保」，「マーケット環境の一時的な変化など，不測の事態への対応手段確保」などに利用できる。

コミットメントラインの契約方法には，以下の2通りの方法がある[15]。

1. バイラテラル方式（相対型）
   各金融機関と個別にコミットメントライン契約を締結する方法。
2. シンジケート方式（協調型）
   アレンジャー（幹事金融機関）を中心に，複数の金融機関と1つの契約書に基づき，同一条件でコミットメントライン契約を締結する方法。

(4) シンジケートローン

シンジケートローンとは，市場型間接金融とも呼ばれ，社債などの直接金融と銀行借入などの間接金融の中間に位置する。1つの銀行では負いきれないリスクや貸出額を複数の銀行が共同して組織を作り，同一条件で融資を行うことをいう。アレンジャーの大手銀行が，借入企業と話し合い利率や期間などを設定し，複数の銀行や金融機関とともに融資を行う。このアレンジャーの銀行は，貸出期間中の資金決済やその事務作業を行うため，貸出金の利息だけではなくアレンジメントフィーなども得ることができる。

(5) 社債

社債（Corporate bond）は，会社法2条23号において「この法律の規定により会社が行う割当てにより発生する当該会社を債務者とする金銭債権であって，第676条各号に掲げる事項についての定めに従い償還されるものをいう。」と定義されている。また社債は，金融商品取引法（以下，金商法）2条1項5号においても有価証券であるとされ，社債の発行に，取締役会設置会社では，取締役会の決議が必要であり，会社法362条4項5号で，「第676条第1号に掲げる事項その他の社債を引き受ける者の募集に関する重要な事項として法務省令で定める事項」と定められている。会社法第676条では，社債の募集について「会社は，その発行する社債を引き受ける者の募集をしようとするときは，その都度，募集社債（当該募集に応じて当該社債の引受けの申込みをした者に

| 図表8-3 | 社債による資金調達（百万円） |

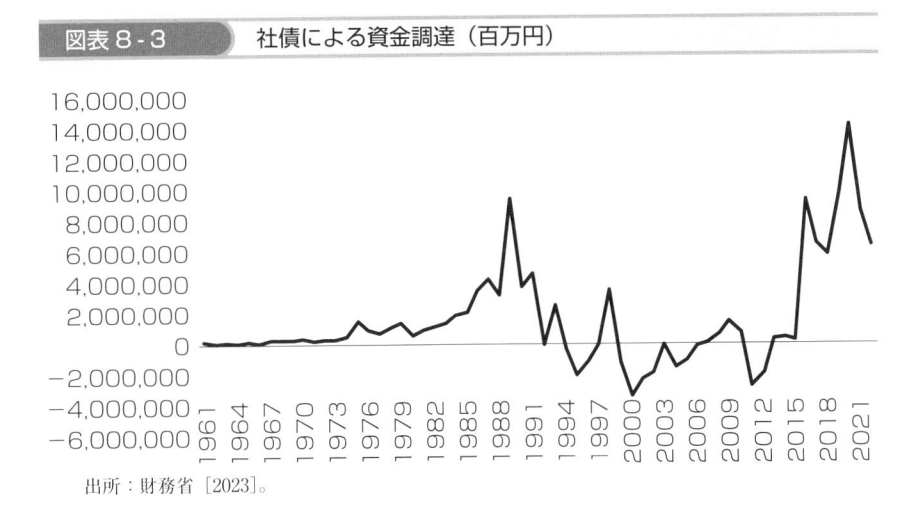

出所：財務省［2023］。

対して割り当てる社債をいう。以下この編において同じ。）について次に掲げる事項を定めなければならない。」とし，募集社債の総額などを定めている。また取締役会設置会社でない会社は，会社法348条2項において，取締役の過半数をもって決定する。図表8-3は，社債による資金調達の推移を示したものである。1990年代後半には，大企業の資金調達において，それまでの金融機関からの借入依存から，社債や自己資本による資金調達へと変化している。社債による資金調達は，2004年から2009年まで増加傾向にあったが，一時期は減少した。2012年から2021年までは，社債による資金調達の需要が強い。

(6) 社債の分類

社債は，性質により以下のように分けることができる。

1. 普通社債

普通社債とは，会社法2条23号と金商法2条1項5号で定められたものをいう。大企業の資金調達において，自己資本による調達が増加しているにもかかわらず，社債による資金調達は一定となっている。普通社債は，発行会社が社債権者に対し一定の期間を満期として元本および利息の支払いを約束する点

では，銀行借入と同様であるが，譲渡が自由である点で異なる。新株予約権付
社債には，転換社債型新株予約権付社債と新株予約権付社債（ワラント債）と
がある。新株予約権とは，発行会社の株式を原資産とし，あらかじめ定められ
た行使期間において，あらかじめ定められた行使価格で取得できるコール・オ
プションである。

2. 転換社債型新株予約権付社債（Convertible Bond：CB）

　会社法2条21号において，新株予約権とは「株式会社に対して行使するこ
とにより当該株式会社の株式の交付を受けることができる権利をいう」と定め
られており，2002年4月1日の商法改正で新たに導入された概念である。
2011年の商法改正まで，株式のコール・オプションは，インセンティブ報酬
としてのストック・オプション付与に利用するほか，転換社債（CB）や新株
引受権付社債として発行される場合にのみ許容されていた。

3. 新株予約権付社債（ワラント債）

　新株予約権付社債は，コール・オプションとボンド（社債）を組み合わせ，
投資家が社債元本額を確保しつつ，株価上昇のポテンシャルをとることにより，
国内および海外市場で利用されている。一般的に転換社債型新株予約権付社債
は，公募されるのに対し，ワラント債は，私募で発行される。ワラント債は，
投資家の需要に応じてエクイティ・オプション（新株予約権部分）とクレジッ
ト（社債部分）を分離し，それぞれを異なる投資家に売却することができる。
このことは，新株予約権付社債のリパッケージと呼ばれている。新株予約権付
社債の発行に際し，会社法238条3項と240条1項によって，「特に有利な」
発行条件や払込金額のとき，株主総会の特別決議を要すると定められている。
そのため，払込金額が公正価格を著しく下回らない必要がある。

4. 劣後債（Subordinated Bond）

　劣後特約とは，一定の劣後事由が生じた場合に，償還請求権および利息支払
い請求権が他の債権に劣後する旨を定める条項をいう。劣後事由の例としては，
発行会社の破産手続き，更生手続きまたは民事再生手続きの開始または開始決

定である。このような劣後特約を付した社債を劣後債という。そのため，他の債権の弁済後の資産により弁済されるため通常の債権よりも株式に近い性質を持つ。BIS 規制（バーゼルⅡ）では，補完的資産と考えられるため，株式の希薄化を避けながら経営の健全性を高める手段でもある。

(7) コマーシャル・ペーパー

コマーシャル・ペーパー（Commercial Paper：CP）とは，ある程度の信用力がある大企業が，短期資金の調達を目的にして割引形式で発行する無担保の約束手形である。企業が直接金融で資金を調達するという点では，社債と類似しているが，社債の償還期間が通常 1 年以上なのに対して，コマーシャル・ペーパーの償還期間は通常 1 年未満で，特に 1 か月ものや 3 か月ものが多い。また，その金利水準は，企業の信用力を反映して決まるため，通常は短期プライムレートより低いコストで資金を調達できることが多い。金商法第 2 条第 1 項第 15 号では，「法人が事業に必要な資金を調達するために発行する約束手形のうち」，金商法第 2 条に規定する定義に関する内閣府令第 2 条では，「当該法人の委任によりその支払いを行う…（中略）…金融機関が交付した『CP』の文字が印刷された用紙を使用して発行するもの」である。国内 CP 市場は，1987 年 11 月に創設され，2001 年 6 月「短期社債振替法」が成立しペーパーレス CP の発行・譲渡・償還の制度が整えられた。

④　メザニン・ファイナンス

メザニン・ファイナンス（Mezzanine Finance）とは，これまで取り上げてきたエクイティ・ファイナンスとデット・ファイナンスの中間に位置づけられる資金調達方法であり，多様な金融商品のカテゴリの総称である。したがって，都度，目的や使い勝手，他の投資家との関係の中で，様々な組み合わせを行う。メザニン・ファイナンスは，デッドファイナンスよりも返済順位が低く，リスクやそれに伴う金利も高い。そのためエクイティ・ファイナンスとデット・ファイナンスの両方のメリットを生かした資金調達を行うことができる。資金調達の性質から分類すると以下の 3 つによる資金調達をメザニン・ファイナンスという。

1. 優先株式（普通株式に対し，配当その他の権利が優先する株式）
2. 劣後債（一般債権者よりも債務弁済の順位が劣る社債）
3. 劣後ローン（一般の債権よりも債務弁済の順位が劣るローン）

　劣後ローン（Subordinated Loan）は，1990 年頃から解禁され，銀行，保険会社，証券会社では自己資本比率規制上の自己資本の一部と見なされることから，劣後ローンの方式で資本注入が行われていた。劣後ローンは，一般の債権よりも債務弁済の順位が劣り，一般的に普通株式に対して優先しているローンをいう。メザニン・ファイナンスを目的から分類すると，以下の 2 つが挙げられる。

1. バイアウト・メザニン
　企業買収取引において，資金が足りない場合，また被買収企業にのれんが生じる場合，減損リスクが大きく配当可能原資が毀損される。そのため，劣後ローンや劣後株が用いられる場合が多い。
2. コーポレート・メザニン
　企業の各種資金ニーズに対応するため，基本的にニューマネーを提供する。一般には自己資本増強のニーズに対応して優先株式が選択されることが多い。

4　エクイティ・ファイナンスとデット・ファイナンスとの相違

　エクイティ・ファイナンスとデット・ファイナンスとの相違は，①経営参加権の有無，②利益の分配，③残余財産に対する地位，④償還義務の有無，そして⑤倒産手続きにおける地位の差異である。

①　経営参加権の有無

　会社法 105 条 1 項において，「株主は，その有する株式につき次に掲げる権利その他この法律の規定により認められた権利」と定め，その 3 において，「株主総会における議決権」を有するとしている。また会社法 308 条第 1 項におい

て,「株主は,株主総会において,その有する株式一株につき1個の議決権を有する」と定めている。デットによる資金調達の場合には,このような議決権を与える必要がない。

② 利益の分配

会社法10条1項1において,「剰余金の配当を受ける権利」を有すると定めている。また会社法453条においても,「株式会社は,その株主(当該株式会社を除く。)に対し,剰余金の配当をすることができる」と定めている。一方,社債は会社法739条において「社債の利息の支払等を怠ったことによる期限の利益の喪失」を定め,利息の支払いを定めている。

③ 残余財産に対する地位

会社法504条において「清算株式会社は,残余財産の分配をしようとするときは,清算人の決定(清算人会設置会社にあっては,清算人会の決議)によって,次に掲げる事項を定めなければならない。1 残余財産の種類,2 株主に対する残余財産の割当てに関する事項」としている。一方,社債は会社法739条において「社債の利息の支払等を怠ったことによる期限の利益の喪失」を定め,利息の支払いを定めているだけである。

④ 償還義務の有無

株主は,定款に特段の定めがない限り,原則として株式を引き受ける際に,払い込んだ金額の払い戻しを受けることができない。一方,社債は会社法739条において「社債の利息の支払等を怠ったことによる期限の利益の喪失」を定め,「社債の利息の支払を怠ったとき,又は定期に社債の一部を償還しなければならない場合においてその償還を怠ったときは,社債権者集会の決議に基づき,当該決議を執行する者は,社債発行会社に対し,一定の期間内にその弁済をしなければならない旨及び当該期間内にその弁済をしないときは当該社債の総額について期限の利益を喪失する旨を書面により通知することができる」としている。

⑤ 倒産手続きにおける地位の差異

倒産手続きにおける，株主と債権者との地位の差は，株主がその企業が利益を得ると配当を受け取り，その企業が解散すると残余財産について劣後する地位にあるため当該企業の業績に対するリスクを最も負担する立場にある。

5 クラウドファンディング

クラウドファンディングとは，インターネットを通じて自分のプロジェクトや夢を発信し，それに共感した人から資金を集める仕組みである。クラウドファンディングは，一般的には以下の3つに分類される[16]。

金銭的なリターンがあるタイプ：支援者に対して，プロジェクトの成果物や特典を提供するタイプである。例えば，新商品の開発やイベントの開催などに使われる。

寄付型：支援者に対して，金銭的なリターンはなく，感謝の気持ちや社会貢献の喜びを提供するタイプである。例えば，災害支援や社会問題の解決などに使われる。

投資型：支援者に対して，将来的な利益や配当を提供するタイプである。例えば，起業家やアーティストの活動資金などに使われる。

日本では，金銭的なリターンがあるタイプのクラウドファンディングが最も多く利用されている。

6 MM理論とペッキングオーダー理論

① Modigliani and Miller（MM）理論

　資金調達と税の関係について重要な理論を提唱したのは，Modigliani and Miller（MM）[17]である。彼らの理論は，企業の資本構成（資金調達方法）が企業価値に影響しないとするものである[18]。

（1）MM 理論における税を無視した場合

　営業利益 R が同じだが，資本構成のみが異なる2つの企業があると仮定する。U 企業（Unlevered Firm）は，借入を行っていない企業とし，L 企業（Levered Firm）は借入を行っている企業とする。企業 U の株式総価値 E_U は，企業の総価値 V_U である。すなわち以下のように書ける。

$$E_U = V_U$$

　一方，L 企業の株式の価値 E_L は，企業の価値 V_L から負債 D_L の価値を差し引いたものである。すなわち以下のように書ける。

$$E_L = V_L - D_L$$

　この2つの企業へ投資を行う場合，2つの投資案を考える。

第1案　U 企業の発行済み株式を購入する案
　　　　U 企業の発行済み株式を1%購入した場合，投資額は $0.01 \times V_U$ であり，収益額は $0.01 \times R$ である
第2案　L 企業の社債と株式の両方を同じ割合で購入する案
　　　　L 企業の社債を1%と発行済み株式1%を購入した場合，投資額が社債 $0.01 \times D_L$ と株式 $0.01 \times E_L$ であり，合計投資額は $0.01 \times (D_L + E_L) =$

$0.01 \times V_L$ であり，収益額は社債からの $0.01 \times$ 利子と株式からの $0.01 \times$ $(R -$ 利子$)$ となり，合計 $0.01 \times R$ である。

十分機能している資本市場では，同じ収益に対する 2 つの投資案には同じコストがかかるはずである。したがって，$0.01 \times V_U = 0.01 \times V_L$ となり，借入を行っていない企業の価値と借入を行っている企業の価値は，等しい。これが「企業の資本構成（資金調達方法）が企業価値に影響しない」という MM 理論の第 1 命題（無関連命題）である。

（2）MM 理論における税を考慮した場合

法人税が存在する場合，企業が負債を利用することで，支払利息に対する税額控除が可能になり，税後の利益が増加する。この増加分が節税効果である。そして，この節税効果の現在価値が，企業価値に加算され，企業価値を増加させる。

例えば，企業が 1 億円の負債を抱えており，利子率が 5% であるとする。法人税率が 30%[19] だと仮定すると，年間の支払利息は 500 万円で，節税効果は 150 万円となる。

$$節税効果 ＝ 負債額 \times 利子率 \times 法人税率$$

$$節税効果 ＝ 1 億円 \times 5\% \times 30\% ＝ 150 万円$$

この 150 万円が毎年続くと仮定すると[20]，この節税効果の現在価値は，適切な割引率を用いて計算される。例えば，割引率を 5% とすると，節税効果の現在価値は以下のようになる。

$$節税効果の現在価値 ＝ \frac{150 万円}{5\%} ＝ 3{,}000 万円$$

この 3,000 万円が企業価値に加算されることになる。MM 理論[21] では，このように負債を利用することで得られる節税効果の現在価値が，企業価値を高

めるとしている。ただし，この理論は完全資本市場を前提としており，現実の世界では，法人税や倒産コストなどが存在するため，MM の無関連命題は成立せず，資本構成が企業価値に影響するケースがある。

② ペッキングオーダー理論

MM 理論は，完全市場の仮定から始まり，それを緩和し法人税を取り入れることにより，より現実世界を説明しようとした。一方，情報の非対称性[*22]から，資金調達を考察したものが，資金調達のペッキングオーダー（Pecking Order：順位付け）理論である。企業が事業資金を調達する際，負債，内部資本，そして外部資本の最適な組み合わせを決定する必要がある。これは，資本構成パズル（Capital Structure Puzzle）[*23] と呼ばれ，それぞれの資金調達に関連するメリットとコストとのトレードオフから生じる。例えば，負債による資金調達は有利子負債の利子に対する税控除という税制上の優遇措置をもたらすが，同時に財務上の苦境に陥るリスクを増大させる。一方，外部資本は多額の資金を調達できるが，その対価として所有権の希薄化や資本コストの上昇を招く可能性がある。Myers［1984］は，ペッキングオーダー理論を静的トレードオフ理論[*24] と比較し，以下のように述べている。

1. 企業は内部融資を好む。2. 配当は固定的であり，目標配当性向は貴重な投資機会の程度が変化しても徐々にしか調整されないが，企業は目標配当性向を投資機会に適応させる。3. 配当政策が固定的であることに加え，収益性と投資機会が予測不能に変動するため，内部で生み出されるキャッシュフローが投資支出を上回ることもあれば下回ることもある。少ない場合は，まず内部留保からまたは市場性のある有価証券を売却する。4. 外部資金が必要な場合，企業はまず最も安全な証券を発行する。つまり，まず負債を発行し，次に転換社債などのハイブリッド証券を発行し，最後の手段として株式を発行する。企業には，内部資本と外部資本がある。内部資本とは，企業が事業を通じて内部で生み出す資金を指し，内部留保やその他の形態の内部留保をいう。一方外部資本は，外部の投資家に新株を売却することで資本を調達する。この場合，既存の所有比率が希薄化する可能性があり，手数料や投

資家を惹きつけるのに十分なリターンを提供する必要があるため，コストが高くなる可能性がある。

この理論は，一般的に収益性の高い企業が，借入額が少ない理由を説明している。

注

* 1　ブリーリーほか［2007］を参照。
* 2　内本［2013］を参照。
* 3　日本銀行調査統計局［2023］14頁を参照。
* 4　普通株式，転換社債，優先株式，そして劣後株式についてはそれぞれ後述する。
* 5　大崎［2013］430頁を参照。2001年（平成13年）の商法改正まで自己株式の取得は，原則として禁止されていた。
* 6　起債会の適債基準は，1987年以降格付機関による信用格付の活用に移行した。
* 7　大崎［2013］429 - 430頁を参照。
* 8　不動産証券化とは，不動産を流動化する手法の1つで，特別目的事業体（Special Purpose Vehicle：SPV）を介して，不動産から得られる収益を裏づけに，有価証券を発行する方法である。不動産の証券化については，内藤［2003］120 - 142頁を参照。
* 9　動産担保融資は，ABL（Asset Based Lending）とも呼ばれ，商品在庫や売掛金そして機械設備などの不動産以外の動産を担保にして融資を受けることである。
* 10　リースバックとは，不動産を売却して借り直す仕組みである。リースバックを利用すると，自宅を売却しても，引越しをせずに同じ家に住み続けることができる。リースバックについては，大澤［1989］139 - 153頁に詳しい。
* 11　近年，会社法277条に規定されている新株予約権無償割係る新株予約権による増資手法，ライツ・オファリングが注目されている。これについては，森・浜田松本法律事務所［2014］452頁に詳しい。
* 12　堀内［2014］160頁を参照。
* 13　堀内［2014］164頁を参照。
* 14　小宮・岩田［1973］を参照。
* 15　本田［2020］は，日本の上場企業を対象にコミットメントラインが企業活動に及ぼす影響を実証分析している。
* 16　藤原［2019］を参照。
* 17　Modigliani and Miller［1958］.
* 18　ブリーリーほか［2007］543 - 599頁や小宮・岩田［1973］15 - 33頁に詳しい。
* 19　日本における上場法人の法人税率は，23.2%である。また，法人税の他にも地方法人税や法人住民税など，複数の税金が課されるため，実際の税負担はこれらを合わせた実効税率で考慮すると約30%程度となる。
* 20　節税効果が無限に続くと仮定すると，その現在価値は永久年金の公式を用

いて計算される。
* 21　Modigliani and Miller [1963].
* 22　経営者は，投資家よりも企業業績見込みなどについて，良く知っていることをいう。
* 23　ペッキングオーダー理論については，Myers [1984] や Hayashi [1985] に詳しい。
* 24　静的トレードオフ理論とは，企業が資本調達を行う際，負債による節税効果と財務リスクのコストとの間で最適なバランスを見つけることを目指す理論である。この理論は，企業が負債と株式の比率を調整することで企業価値を最大化しようとする。

参考文献

内本健児 [2013]「上場企業による資金調達手段の選択」『ファイナンス』第 569 巻。
江頭憲治郎 [2014]『株式会社法（第 5 版）』有斐閣。
大崎貞和 [2013]「資本調達方法の多様化」江頭憲治郎編『株式会社法体系』有斐閣。
大澤和人 [1989]『金融資産の流動化・証券化：アセットファイナンスの実務』東洋経済新報社。
小宮隆太郎・岩田規久男 [1973]『企業金融の理論』日本経済新聞社。
財務省 [2023]『法人企業統計年報』〈https://www.mof.go.jp/pri/reference/ssc/〉（2024 年 3 月 11 日）。
杉浦慶一 [2013]「日本における上場企業のメザニン・ファイナンス」『年報経営分析研究』Vol.29，58 - 69 頁。
中小企業庁 [2014]『中小企業白書　2014 年度版』日経印刷。
内藤伸浩 [2003]『アセット・ファイナンス－資産金融の理論と実践』ダイヤモンド社。
日本銀行ホームページ [2024]「長・短期プライムレート（主要行）の推移　2001年以降」〈https://www.boj.or.jp/statistics/dl/loan/prime/prime.htm〉（2024年 3 月 11 日）。
日本銀行調査統計局 [2023]『資金循環の日米欧比較』〈https://www.boj.or.jp/statistics/sj/sjhiq.pdf〉（2024 年 3 月 11 日）。
日本証券業協会 [2014]『FACT BOOK 2014』〈http://www.jsda.or.jp/shiryo/toukei/factbook/files/FACTBOOK2014_J_full.pdf〉（2015 年 3 月 11 日）。
藤原賢哉 [2019]「クラウドファンディングの成功要因に関する実証研究」『ゆうちょ資産研究：研究助成論文集』第 26 巻，55 - 70 頁。
ブリーリー，R. & S. マイヤーズ & F. アレン（藤井眞理子・国枝茂樹監訳）[2007]『コーポレートファイナンス第 8 版上・下』日経 BP 社。
堀内　学 [2014]『コーポレートファイナンスの実践講座』中央経済社。
本田朋史 [2020]『日本企業を対象としたコミットメントラインに関する実証分析』一橋大学（博士論文）。
三菱総合研究所 [2014]『平成 24 年度　国内外のメザニン・ファイナンスの実態調査』。
森・浜田松本法律事務所 [2014]『エクイティ・ファイナンスの理論と実務（第 2 版）』商事法務。
Hayashi, F. [1985] "Corporate finance side of the Q theory of investment,"

Journal of Public Economics, Vol.27, No.3, pp.261 - 280.

Modigliani, F. and M. H. Miller [1958] "The cost of capital, corporation finance and the theory of investment," *The American Economic Review,* Vol.48, No.3, pp.261 - 297.

Modigliani, F. and M. H. Miller [1963] "Corporate income taxes and the cost of capital : A correction," *The American Economic Review,* Vol.53, No.3, pp.433 - 443.

Myers, S. C. [1984] "The capital structure puzzle," *The Journal of Finance,* Vol.39, No.3, pp.574 - 592.

Ⅳ　提携・国際化戦略

提　　携　第 9 講

1　提携とは
複数の企業同士がそれぞれの経営目標を達成するために行う相互協力のことである。近年，提携が国際的に急増している要因として以下の点が挙げられる。
　　①経営環境の変化の速さとその複雑化
　　②外部資源の活用の必要性
　　③国際化の進展

2　提携の種類
　①技術提携
　　技術提携は，2社以上の企業がそれぞれの独立性を保ちながら，知識・技術を補完し合うことである。
　②生産提携
　　生産提携とは，当該企業が提携先企業に対して生産の一部を委託することである。
　③販売提携
　　販売提携とは，販売上のメリットを相互に提供し合うことによって，自社の経営資源だけでは不足している点を補完することを意味する。

3　戦略的提携
戦略的提携は，潜在的ライバル関係にある自立的な企業同士の取引形態である。

4　資本提携
資本提携とは提携先の企業から資本を受け入れたり，提携先企業に資本を出資したり，双方の企業が資本を持ち合ったりすることである。このような相互の資本のやり取りにより，企業相互の関係性が強化されることになる。
　　①提携企業間の資本のやり取り
　　②合併
　　③経営統合

5　資本・業務提携
資本・業務提携は相互の経営権を侵害しない程度の株式を持ち合うケースが多く，近年では異業種間の資本・業務提携のみならず競合企業同士の戦略的提携が多く見られる。

6　提携の問題点
　● 経営戦略の観点からは提携後の事業運営の難しさ
　● マクロ的な観点からは競合企業との提携による社会的厚生の低下

1　提携とは

　提携とは，複数の企業同士がそれぞれの経営目標を達成するために行う相互協力のことである。提携はその性質や形態に応じて区分されるが，その定義は論者によって異なり，研究ごとにまちまちである。一般的な広義の意味での提携の定義として，牛丸［2007］は，長期的取引，株式持合，共同研究開発といった独立・非独立の企業間の関係も含んだもので，契約書によらない口約束の取引からライセンシングやジョイント・ベンチャーに至るまでの幅広い取引形態がカバーされると述べている[*1]。

　提携が行われる理由としては，規模の経済や範囲の経済を追求することによって，マーケットシェアと交渉力を高め，競争優位性を獲得すること，提携により生産や物流の効率化を図り，コストの大幅な削減を実施すること，提携先企業の新技術や知識を取り入れることにより，相互の組織間での学習を行い，最大のシナジー効果を発揮させることなどが考えられる。

　さらに，提携は国際的に急増しているが，その要因として以下の3点が挙げられる。

①　経営環境の変化の速さとその複雑化

　近時，経営環境の変化は急速かつ劇的である。技術イノベーションは加速化し，製品のライフサイクルも年々短くなっており，企業単独でこのような経営環境の変化に対応するには限界がある。特に製造業の研究開発のリスクとコストも大幅に高まってきており，他の企業と提携することにより可能な限りリスクを分散させて，他企業の技術や知識を活用しながら新しい価値を創造することが重要になってきている。

②　外部資源の活用の必要性

　上記①の要因と関連して，自社が保有する内部経営資源のみで利益を獲得することが困難な状況となっている。その不足を補うために，提携先企業の技術や知識を利用し双方の成長を図ることが要請されるようになっている。

③　国際化の進展

　世界的に企業の国際化が進展していることについては論をまたないが，提携は進出先国の現地市場への代表的な参入手段として定着している。また国際市場で持続的な成長を可能にするために，提携先海外企業の知識をうまく活用しながら技術提携・共同研究開発を世界的な枠組みで行うことが必要になっている。

2　提携の種類

　提携の種類の代表的なものとして以下の3点が挙げられる。

①　技術提携

　技術提携は，2社以上の企業がそれぞれの独立性を保ちながら，知識・技術を補完し合うことである。これにより，技術の効果的な利用が図られる場合，コストが低減し，イノベーションが産み出される。技術提携には，共同で新規の技術開発を行う場合と，一方の企業が提携先企業に対して有償無償の技術を供与する提携の形態がある。デファクト・スタンダード（de facto standard）[*2]獲得のために行われることもある。共同開発のメリットとして以下の3点が挙げられる。

　第1に技術の複雑化と高度化への対応である。技術の複雑化かつ高度化が進展し，一企業の内部経営資源だけでは新たな技術開発が難しい時代になっている。素材メーカー，部品メーカー，完成品メーカーなどがお互いに協力し合うことで新たな技術開発の可能性が高くなる。

　第2に技術開発のスピードを速めることである。競争優位を獲得するためには，技術開発を加速化させることが必要な時代になっており，競合企業に先んじられては，技術開発のコストが無駄になる。提携により共同開発を行うことによりそのスピードを上げることが可能となる。

　最後にリスクの分散である。研究開発には巨額のコストがかかるため，複数

の企業が開発資金を拠出し合うことによりリスクの分散を図ることができる。

② 生産提携

生産提携とは当該企業が提携先企業に対して生産の一部を委託することである。ある製品に対する需要が高まり，自社の生産能力が追いつかない場合に，余剰生産能力を持つ他企業に委託をすることで，受託する側にとっては，設備稼働率を高めることが期待できる。OEM（Original Equipment Manufacturing）[3]やODM（Original Design Manufacturing）[4]がそれに該当する。

また生産提携は，事業コストの削減も可能にする。生産提携により，例えば規模の経済や中核事業分野への特化，技術・知識の統合によるコスト削減が図れる場合，これにより価格低下を実現させることができる。

③ 販売提携

販売提携とは，販売上のメリットを相互に提供し合うことによって，自社の経営資源だけでは不足している点を補完することを意味する。技術力や商品力はあるが販売力が脆弱な企業や，新規事業進出などの場合には，提携先企業の販売力を活用することが有効になる場合がある。また物流の面でも，相互に流通網を補完し合うことにより，商品をより迅速に供給することが可能になり，コストの低減が実現できる。

3 戦略的提携

一般的に戦略的提携はアライアンス（Alliance）とも呼ばれるが，企業を取り巻く経営環境の変化が急速かつ劇的な現代では，企業が単独で事業を行うことが難しくなってきており，複数の企業がそれぞれのコア・コンピタンスを生かしつつ連携する戦略的提携が活発化している。

藤田［2022］によると，戦略的提携に関する諸研究は理論的に体系化されているとはいえず，多様な理論的アプローチを援用しながら戦略提携という現象

に関する実証研究が蓄積されている段階に留まっていると指摘している[*5]。つまり，戦略的提携についての定義は定まっておらず，あらゆる角度から様々な議論が展開されている。

牛丸［2004］は，提携を従来型提携と戦略的提携に区分し，前者を垂直的提携，後者を水平的提携と捉え，戦略的提携のガバナンスについて論じている[*6]。牛丸［2007］は，従来型提携（垂直型提携）は日本においても 1970 年代にすでに見られたように，垂直的な関係にある企業同士の提携であり，単なる生産・流通過程の川上と川下というばかりでなく，大企業と中小企業，先端技術企業と後発企業といったパワー関係の上下を含むものであると述べている[*7]。戦略的提携について，牛丸は，潜在的ライバル関係にある自立的な企業同士の取引形態と定義しており，長期的に協力し合うことで高いパフォーマンスを達成できる性質を有し，すばやく組織学習を行うことができることから，不確実性の高い環境下では，M&A よりも優れた戦略手段であると指摘している[*8]。

徳田は，企業の内部要因との絡みで，戦略的提携を「希少性の高い経営資源の蓄積に向けて他社から経営資源を獲得し，それらを他社の経営資源を利用して上手く活用し，自社の経営資源を経営環境に有利に展開させていくための手段[*9]」と定義している。松行は，戦略的提携について，「異質な組織体である企業同士が，信頼と協力の精神のもとに，共通の目的を実現するために，ある一定期間にわたって同盟関係を締結する組織行動である[*10]」と述べている。尾関・小本［2006］は，戦略的提携とは，事業会社が経営の自立性を保ちつつ他の企業と協力関係を結び，お互いが発展することを目指すものと論じている[*11]。藤田は，戦略的提携について，技術開発，新製品開発，販売協力など多様な目的のために当事者（企業・組織）間で，協働の意思表示がなされた関係と定義している[*12]。

以上のように，戦略的提携は 1980 年代に登場した比較的新しい用語ということもあり，その定義については確立されてはおらず，論者ならびに捉える視点によって多様である。近年，競合企業同士の戦略的提携は国際的に増加しており，今後もこの流れは続くことが予想される。

4　資本提携

　資本提携とは提携先の企業から資本を受け入れたり，提携先企業に出資したり，双方の企業が資本を持ち合ったりすることである。これにより，企業相互の関係性が強化されることになる。このように資本提携は業務提携と異なり，一定の経営支配権を付与することになるため，企業の重要情報などの開示を含め，どの程度の出資比率にするかを慎重に検討する必要がある。さらに，資本提携をした後に，相互の関係を解消することは，資本移動を伴わない業務提携よりも困難である。

　株式の取得方法は，既存株式の取得と新株の取得の2つに分類される。

　資本提携で多く見られる手法が，第三者割当増資の実行による新株発行とその引受けである。これは資本提携をする際に，提携先企業が割り当てる新株を取得するものである。第三者割当増資では，既存株主が株式をそのまま保有しているため，経営支配権の維持を継続する形で資本提携を締結し，経営の独立性を保つことが可能となる。これらは以下のような形に類型化される。

①　提携企業間の資本のやり取り

　一方の企業が提携先企業に資本投入する場合や，株式持合いのように相互の企業間での資本のやり取りが行われる。

②　合併

　合併は単純に2つ以上の企業が法的な手続きを経て1つの企業となることである。合併のスキームの違いで新設合併と吸収合併があるが，新設合併では，合併しようとする企業はすべて解散することになる。このために新設合併成立には多くの時間が必要であり，手続きも複雑なためあまり例はない。

　一般的に，合併といえば吸収合併のケースが多い。合併しようとする企業のうち，1社が残る形で他の企業が消滅するのが吸収合併である。吸収合併の場合，消滅会社の株主が持っている株式と，存続会社の株式を交換する。交換する際の，合併によって消滅する会社の株主の持つ株式何株に対して，存続会社

の株式を何株割り当てるのか，を合併比率（または割当比率）と呼ぶ。

③　経営統合

　経営統合に確立された定義は存在しないが，奥は「複数の企業が，それぞれの独自性を残しながら，間接的一体化をはかるための企業再編手法*13」と定義している。具体的には持株会社を設立し，お互いの現在の会社とは別に1つの持株会社を作り，持株会社がお互いの全株式を保有し，管理していくスキームである。これにより旧事業会社の競争力やブランド力を維持することが可能になる。

5　資本・業務提携

　資本・業務提携は相互の経営権を侵害しない程度の株式を持ち合うケースが多く，近年，異業種間の資本・業務提携のみならず競合企業同士の戦略的提携が多く見られる。資本・業務提携は，業務提携よりも両者の関係性を強化することができ，自社の不足している経営資源を補填しながら，シナジー効果を発揮させることが期待されている。資本・業務提携は戦略的提携の範疇に含まれる。

　資本・業務提携が増加している要因として，経営環境の変化が速くかつ複雑化していることから，コストとリスクを最大限に低下させるために双方の経営資源を効率的に活用することが必要になっている点が挙げられる。特に製薬業界，自動車，電機等の巨額の開発費が必要とされる産業や不確実性の高い新規事業の開発へ進出する際に資本・業務提携は有効な戦略となりうる。また，M&A実施後にシナジー効果を発揮できずに双方の関係を解消する場合，M&A前の状態に戻すためには多くの時間と労力ならびに資金が必要となるが，業務・資本提携において効果が見られない場合にはM&Aよりも容易に撤退することができる。

　しかしながら，いくつかのデメリットも指摘されている。資本業務提携を実行すると，一定の議決権を相手企業に付与することになるため，パートナー企

業が経営に介入してくる可能性もあり，経営の自由度が低下することもある。さらに，機密情報の漏洩の恐れもあり，どの程度の出資比率にするか等，経営者には慎重な判断が求められる。

6 提携の問題点

　将来的に提携はさらに増加することが予想されるが，これによる問題点もいくつか指摘することができる。

　最初に経営的な観点から述べると，提携後の事業運営の難しさである。提携企業間の思惑と政策の違いから提携後の事業運営がシナジーを産み出すことができずに，提携関係が失敗する例も多い。提携を実施する場合，企業にはこの点を十分に踏まえた慎重な事業運営が求められる。

　次にマクロ的な観点からは，競合企業との提携により競争が減少し，社会的厚生が低下してしまうことが挙げられる。同業種間の提携は双方の企業の利益率の向上が主要な目的となるが，これは市場集中度の増加に伴う価格の引き上げで実現される可能性があるためである。これを防ぐためには国による適切な規制の設定が必要になる。

注
* 1　牛丸［2007］20頁。
* 2　デファクト・スタンダード（de facto standard）とは，国際機関や標準化団体による公的な標準ではなく，市場における競争の結果，市場でのマーケットシェアが高いなどの理由で事実上の標準となった規格や製品のことである。
* 3　OEM（Original Equipment Manufacturing）とは，委託を受けた相手先ブランドで販売される製品を製造することである。
* 4　ODM（Original Design Manufacturing）とは，委託者のブランドで製品を設計，製造することをいう。
* 5　藤田［2022］69頁。
* 6　牛丸［2004］。
* 7　牛丸［2007］。
* 8　牛丸［2005］161頁。
* 9　徳田［2000］116頁。
* 10　松行［2000］1頁。
* 11　尾関・小本［2006］。

＊12　藤田［2022］65‐66頁。
＊13　奥［2006］。

参考文献

牛丸　元［2007］『企業間アライアンスの理論と実証』同文舘出版。

牛丸　元［2004］「戦略的提携のガバナンス」『北海学園大学経営論集』第 1 巻第 4 号，1‐9頁。

牛丸　元［2005］「戦略的提携のシステム・ダイナミクス・アプローチ」『北海学園大学経営論集』第 2 巻第 4 号，161‐177頁。

奥　康平［2006］「経営統合による企業再編」『経営研究』（大阪市立大学）第 57 巻第 3 号，121‐142頁。

尾関　純・小本恵照［2006］『M&A 戦略策定ガイドブック』中央経済社。

徳田昭雄［2000］『グローバル企業の戦略的提携』ミネルヴァ書房。

中村裕一郎［2013］『アライアンス・イノベーション』白桃書房。

藤田　誠［2022］「戦略提携研究の現状と方向性」『早稲田商学』第 464 号，65‐95頁。

松行彬子［2000］『国際戦略的提携：組織間関係と企業変革を中心として』中央経済社。

経営統合と持株会社 第10講

1 経営統合とは
経営統合：共同の持株会社の完全子会社，あるいは一方の会社がもう一方の会社の完全子会社となることで，経営を統合する方式。

2 経営統合のメリット
- 組織統合の困難性の問題を緩和できる点が経営統合のメリット。
- 合併の場合，この問題に直面しやすい。
- 経営統合の場合，統合前の会社が統合後も存続するため，統合後に計画的な組織の融合・再編が可能。

3 経営統合の方法
株式移転
株式交換

4 経営統合の事例
- 2019 年 10 月　ヤフーが持株会社化（Z ホールディングス株式会社）
- 2021 年 　3 月　Z ホールディングスがヤフーと LINE の持株会社に
- 2023 年 10 月　持株会社が LINE ヤフーへ商号変更し，事業を再編成

5 純粋持株会社の実態
- 持株会社には，事業持株会社と純粋持株会社がある。
- 1997 年の独占禁止法改正以降，純粋持株会社の設立が増加。
- 売上高または営業収益は，関係会社との間で発生したものがほとんど。中でも受取配当金が 70％と圧倒的に多い。
- 担っている機能は，グループ・ガバナンスに関する機能と，グループ IT マネジメント機能。

1　経営統合とは

　経営統合とは，複数の会社が経営を1つに統合することである。広義では，合併，持株会社，子会社化，資本参加なども含まれるが，狭義では共同持株会社の設立を意味する。通常は狭義の意味で使用されるため，以下では狭義の経営統合に限定する。

　経営統合は，互いに独立していた会社同士が共同の持株会社の完全子会社，あるいは一方の会社がもう一方の会社の完全子会社となることで，経営を統合する方式である。合併と異なるのは，経営統合では，元の会社は子会社として存続し，法人格は消滅しない点である。合併の場合，複数の会社のうち一方が他方を吸収することになるため，吸収された会社の法人格は消滅する[*1]。

2　経営統合のメリット

　複数の企業の統合の効果を発揮させるには，各会社の意思決定の統一だけでなく，その組織体の融合が必要である。すなわち，それまで別々の会社として活動していた組織体を1つの統合的な組織体にまとめ上げていく必要がある。しかし，元の会社にはそれぞれ独自の理念，歴史，企業文化，制度などの目に見えない“ソフト資源”が存在しており，それらが組織体としての「会社」を形成している。このような会社組織を統合し機能させることは容易ではない。場合によっては，元の会社の“ソフト資源”をうまく融合させることができず，統合後の会社の組織運営に支障をきたす可能性がある。

　このような組織統合の困難性の問題を緩和することができるのが，経営統合である。すなわち，合併の場合，法人格が1つになるため，組織の統合は合併と同時に実施される。そのため，かなり周到，適切かつスピーディに組織の統合・融合を進めなければ，合併後の効率的な組織運営を実現できない。

　しかし，経営統合の場合，共同の持株会社のもとで，各社はそれぞれの会社組織を統合後も継続させることができる。すなわち，統合に参加する会社は統

合によって完全子会社となるため，経営の意思決定を完全親会社である共同持株会社に事実上委ねることになる。しかし，法人としては統合前の会社が統合後も存続するため，会社組織の統合や再編を統合直後に行う必要は生じない。したがって，統合後に，統一された経営のもとで十分な時間をかけて計画的に，各社の組織を融合させたり再編させたりすることができる。

3 経営統合の方法

経営統合には2つの方法がある。

第1は，株式移転である。これは，まず持株会社を新設する。そして，統合に参加する各社の株主が保有する自社の株式すべてと引き換えに，株主に持株会社の株式を交付する手法である。これによって，各社は持株会社の完全子会社となり，株主は持株会社の株主となる。この方法は，規模などが同程度の企業同士が経営統合する場合に用いられやすい。

第2は，株式交換である。これは，2社のうち一方の会社の株主が保有する株式すべてを，もう一方の会社の株式と交換する方法である。これによって，一方の会社は完全子会社，もう一方の会社は完全親会社になる。この方法は，規模などに差がある会社同士の統合に用いられる場合が多い。その場合，規模が大きい会社（の持株会社）が完全親会社になりやすい。

この2つの手法は，1999年の商法改正によって導入されて以降，現在の会社法でも制定されている。

4 経営統合の事例

経営統合は，統合に参加する各社の法人格を維持した上で，グループ全体としての組織の融合や再編成を計画的に遂行することができる統合方法である。そのような経営統合の事例として，2019年10月に行われたヤフー株式会社とLINE株式会社の経営統合（LINEヤフーの形成）がある。

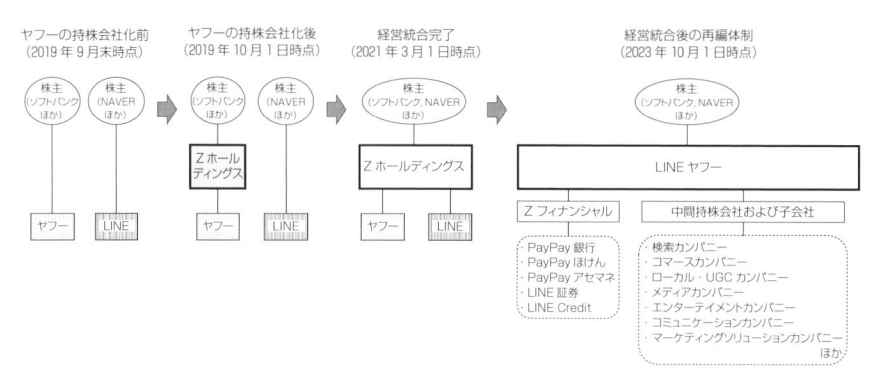

図表 10-1　LINE とヤフーの経営統合と再編成（イメージ）

出所：ヤフー株式会社「会社分割による持株会社体制への移行に伴う分割準備会社設立，吸収分割契約締結及び定款変更（商号変更）に関するお知らせ」（2019 年 4 月 25 日），Z ホールディングス㈱および LINE ㈱「経営統合に関する基本合意書の締結について」（2019 年 11 月 18 日），同「経営統合に関する最終合意の締結について」（2019 年 12 月 23 日），Z ホールディングス㈱「グループ内再編（子会社の現物配当による孫会社の異動ならびに完全子会社との吸収合併および吸収分割）および子会社の商号変更に関する決定のお知らせ」（2023 年 7 月 12 日），同「2023 年 10 月 1 日付組織体制変更および役員人事に関するお知らせ」（2023 年 8 月 3 日），LINE ヤフー株式会社「（開示事項の経過）グループ内再編および当社の商号変更の完了に関するお知らせ」（2023 年 10 月 2 日）の各ニュースリリースより筆者作成。

　その手順として，まず 2019 年 10 月に，ヤフーにおいて会社分割により Z ホールディングス株式会社が持株会社となった。次に 2021 年 3 月に，Z ホールディングスがヤフーと LINE の持株会社として再編成され，経営統合が完了した。さらに 2023 年 10 月に，ヤフー株式会社，Z Entertainment 株式会社および Z データ株式会社が吸収合併で消滅し，LINE 株式会社が分割され，持株会社は LINE ヤフー株式会社に商業変更されるとともに，カンパニー制を導入するなど，グループ体制が大きく再編成された（図表 10-1）。

5　純粋持株会社の実態

　持株会社とは，株式を所有することで他社を支配する会社である。持株会社には，事業持株会社と純粋持株会社がある。事業持株会社とは，自社も事業活

図表 10-2 純粋持株会社の設立年度別企業数

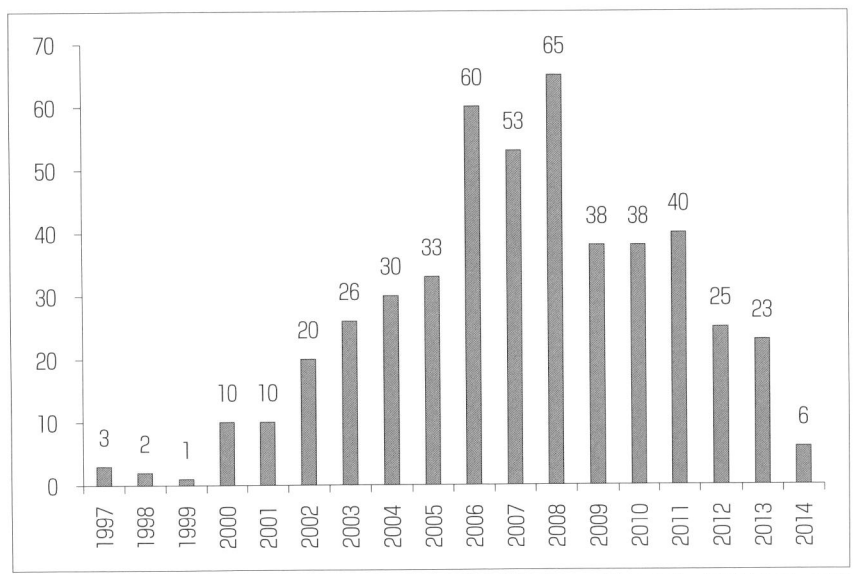

出所：経済産業省［2016］「平成27年純粋持株会社実態調査」の「調査結果の概要」2頁，図表1-2-(2) より筆者作成。

動を行いながら，傘下の会社の株式を所有して支配している会社である。

　一方，純粋持株会社とは，事業活動は傘下の子会社が行い，自社は専らグループの管理運営を行う会社である。純粋持株会社は戦前は認められていたが，戦後は1947年に制定された独占禁止法において禁止された。しかし，1997年に独占禁止法が改正され，設立が認められた。これ以降，純粋持株会社が続々と設立されている（図表10-2）。

　経済産業省が実施した「平成27年純粋持株会社実態調査確報」によると，2015年3月末時点で日本には485社の純粋持株会社が確認されている。これらのうち集計可能な458社合計の売上高または営業収益は3兆2,368億円である。また，集計可能な476社合計の常時従業者数は25,695人であり，1社平均は54.0人である。これらの常時従業者数の41.1％が，子会社および関連会社からの出向者である。485社の設立形態は，株式移転が220社（対全社比率

| 図表 10-3 | 純粋持株会社の売上高構成比 |

合計	関係会社との間で発生したもの							関係会社以外との間で発生したもの
	受取配当金	受取利息	グループ運営収入及び類するもの	資産の賃貸料・使用料収入	事業活動を通じて得られる収入	その他		
100%	94.9%	70.0%	1.3%	16.6%	3.6%	1.0%	2.4%	5.1%

注：458 社の売上高または営業利益の金額の構成比。
出所：経済産業省［2016］「平成 27 年純粋持株会社実態調査」の「調査結果の概要」3 頁，図表 1-3 より筆者作成。

45.4％）と最も多く，次いで会社分割が 163 社（同 33.6％），株式交換と会社分割の組み合わせが 32 社（同 6.6％）などとなっている。

　純粋持株会社の売上高または営業収益の内訳を見ると（図表 10-3），関係会社との間で発生したものが 94.9％とほとんどを占めている。その中でも受取配当金が 70.0％と圧倒的に多く，次いでグループ運営収入及び類するものが 16.6％である。一方，関係会社以外との間で発生した売上高または営業収益はわずか 5.1％に過ぎない。

　純粋持株会社が担っている機能として最も多いのは，グループ経営理念・ビジョン，グループ経営戦略策定・推進，グループ業務監査といったグループ・ガバナンスに関する機能である（図表 10-4）。これに次いで，グループ IT マネジメント機能も半数の純粋持株会社が担当している。一方，マーケティング，営業統括，販売拠点機能や研究・技術開発など事業子会社横断的な機能を担う純粋持株会社は少ない。

　このように，純粋持株会社は，売上高のほとんどが関係会社からの収入特に受取配当金であり，グループ・ガバナンスおよびグループ IT マネジメント機能に特化した，グループ経営の中枢を担う企業であるといえる。

図表 10 - 4	純粋持株会社が保有する機能	

	グループ経営理念・ビジョン	74.2%
グループ・ガバナンス	グループ意思決定	68.7%
	グループ経営戦略策定・推進	73.2%
	グループ業務監査	71.5%
	業績モニタリング・業績評価	62.7%
グループ IT マネジメント	グループ IT 企画	44%
	グループ内システムの開発・運用・保守	43.6%
事業子会社横断的な機能の遂行	研究・技術開発	13.3%
	生産・品質保証機能（製造拠点，生産管理，品質保証等）	14.2%
	物流・調達（資材・購買）機能	13.1%
	マーケティング，営業統括，販売拠点機能	16.5%
	国内における地域統括拠点	12.7%
	海外における地域統括拠点	13.1%

出所：経済産業省［2016］「平成 27 年純粋持株会社実態調査」の「調査結果の概要」6 頁，図表 1 - 5 -（1）より筆者作成。

注

＊1 これは吸収合併を想定した説明である。新設合併の場合，元の会社はいずれも新設された会社に吸収されるため，元の会社の法人格はすべて消滅する。

参考文献

経済産業省［2016］「平成 27 年純粋持株会社実態調査確報」3 月 10 日。
坂本恒夫・文堂弘之編著［2008］『ディール・プロセス別　M&A 戦略のケース・スタディ』中央経済社。
坂本恒夫・文堂弘之編著［2010］『M&A と制度再編』同文舘出版。
ヤフー㈱，Z ホールディングス㈱，LINE ㈱，LINE ヤフー㈱の各ウェブサイト。

M&A

1 M&A の意味とメリット
① M&A とは
- 企業の合併・買収（Merger and Acquisition）
② M&A のメリット
- 自社にない経営資源を時間をかけずに獲得
- シナジー効果（相乗効果）

2 M&A の形態と目的
①水平型 M&A：同業種の企業同士の M&A
②垂直型 M&A：原材料の仕入先または自社製品の販売先との M&A
③関連型 M&A：自社の既存事業に関連する企業との M&A
④無関連型 M&A（コングロマリット型 M&A）：事業上の関連性のない企業との M&A
⑤バイアウト：買収ファンドによる事業会社の買収
⑥ MBO・EBO：MBO はマネジメント・バイアウト（経営者による買収）
　　　　　　　EBO はエンプロイー・バイアウト（従業員による買収）

3 M&A の手法
①合併：吸収合併と新設合併
②経営統合：持株会社を設立して各社はその子会社へ
③買収（株式買収）：市場内買付け，相対取引，公開買付け（TOB），新株引受
④事業譲受け・会社分割：事業譲受けは現金が対価。会社分割は自社株式が対価

4 日本の M&A の歴史
① M&A 前史：戦前は財閥が成長する過程で他社を次々と買収
　　　　　　戦中は戦時経済体制のもとで政府主導による統合
② 1960 年代後半〜 1970 年代初頭：「国内スケールメリット」のための M&A
③ 1980 年代後半〜 1990 年：「多角化と海外進出」のための M&A
④ 1990 年代後半〜 2003 年頃：「選択と集中」のための M&A
⑤ 2005 年頃〜現在：「グローバル競争優位」のための M&A

5 近年の動向
- 政府指針による事業構造改革の後押し
- スモール M&A の増加

1 M&Aの意味とメリット

① M&Aとは

　M&Aとは，Merger（合併）とAcquisition（買収）のことである。この2つは本来，次元の異なる企業結合である。すなわち，合併の場合，2つ以上の企業が1つに統合されるため法人格は1つになるが，買収の場合，2社の法人格は別個のままで実質的に経営権や支配権が1つに集中する。

　しかし，どちらも企業全体あるいは一部が他の会社と統合する（される）行為である。言い換えれば，企業全体あるいは一部を売買する取引である。

② M&Aのメリット

　M&Aの基本的なメリットは2つある。1つは，自社が持っていない経営資源を，企業単位（事業単位）で時間をかけずに外部から獲得することができる点である。通常，必要な資産・資本等をバラバラの状態で確保しても，それを組織化・事業化するには多大な時間と労力を要する。しかし，すでに組織化された企業（事業）をそのまま取得できれば，その時間と労力を省略できる。このように，M&Aの第1のメリットは「時間を買う」ことである。

　第2のメリットは，シナジー効果（相乗効果）である。2社を組み合わせることによって，それまでの別々の企業同士であった場合よりも大きな価値を実現することが起こりうる。このように，"2+2＝5"となるようなシナジー効果がM&Aの第2のメリットである。

2 M&Aの形態と目的

① 水平型M&A

　水平型M&Aとは，同一業種に属する企業同士によるM&Aである。この

タイプの M&A では通常，規模の拡大や設備の統廃合による経営の効率化が目的になる。例えば，2000 年の富士銀行，第一勧業銀行，日本興業銀行の統合（現みずほフィナンシャルグループ），2012 年の新日本製鐵と住友金属工業の統合（新日鐵住金，現日本製鉄）がある。

② 垂直型M&A

垂直型 M&A とは，サプライチェーンの上流と下流の関係にある企業同士の M&A である。このタイプの M&A の目的は，原材料調達・製造・物流・販売の一貫体制の確立やその効率化である。原材料の調達先を確保するための買収例としては，セブン‐イレブンによるタワーベーカリー（製パン会社）の買収（2005 年）がある。また自社製品の販売先を確保するための買収例としては，サントリーによるモンテ物産（ワイン専門商社）の買収（1999 年）がある。

③ 関連型M&A

関連型 M&A とは，水平関係でも垂直関係でもないが，自社の既存事業に関連する企業との M&A である。事業強化のために必要な技術・ノウハウの獲得や，本業に相乗効果のある新規事業の取り込みなどが目的である。例えば，ヤマダ電機による住宅メーカーのエス・バイ・エルの買収（2011 年）や，電通グループによるネット広告大手のセプテーニ HD の買収（2021 年）がある。

④ 無関連型M&A（コングロマリット型M&A）

無関連型 M&A とは，事業の関連性が全くない企業との M&A であり，したがって M&A 後に既存事業とのシナジー効果は期待できない。このタイプの主な目的は，純粋な意味での多角化による売上変動リスクの低減や，企業規模の拡大である。日本ではあまり見られないが，米国では自社の高い株価を利用して株価の低迷した企業を次々と買収する企業が存在した。

⑤ バイアウト

バイアウトとは，事業会社ではなく買収を目的とした投資ファンドが行う買

収である。買収ファンドは，通常，業績不振や経営破綻の企業を買収してその企業の経営を改善し，再生させた後にその株式を株式市場または他社に転売して売却益を得る。例えば，リップルウッド・ホールディングスによる日本長期信用銀行（現 SBI 新生銀行）の買収（1999 年），ユニゾン・キャピタルによる東ハトの買収（2003 年）がある。

⑥ MBO・EBO

MBO とはマネジメント・バイアウト（Management Buy - Out）の略であり，経営者が自社を買収することである。これによってサラリーマン経営者がオーナー経営者になる。本来は，経営者自身が自己の資金で既存株式のほとんどを取得する必要があるが，経営者自身の資金力には限界があるため，実際のMBO では買収資金の大半を他の機関投資家が出資し，経営者の出資分は一部にとどまる。買収によって株式を買い集めることになるため，公開会社がMBO を行う場合，非公開化を伴う。実際にはむしろ非公開化を目的に MBOが実施されることも少なくない。非公開化によって上場や IR に要する各種費用を削減するとともに，長期的な視野で企業の再構築を進めることができる。上場企業の MBO の例としては，すかいらーく（2006 年）やホリプロ（2011 年）がある。すかいらーくは 2014 年に再上場を果たした。

EBO とは，エンプロイー・バイアウト（Employee Buy - Out）の略である。これは，破綻した企業などの従業員が，その企業の資産などを買い取り，株主の立場になって事業を再スタートさせる行為である。

3 M&Aの手法

① 合併

合併には，吸収合併と新設合併がある。吸収合併とは，一方の会社が他方の会社を吸収する合併であり，吸収する側の会社（存続会社）の法人格が残り，吸収された側の会社（消滅会社）の法人格は消滅する。このとき，消滅会社の

株主は，株式の交換手続きを経て，存続会社の株主となる。この株式の交換比率が「合併比率」である。新設合併では，新たに会社を設立し，合併するすべての会社が新設会社に吸収される。したがって，元の会社はすべて消滅する。実際には，手続きの簡便さなどから吸収合併がほとんどである。

②　経営統合

　経営統合とは，2つ以上の企業が共同の持株会社を設立して，各社がその子会社になる行為である。合併に近いが，元の企業組織を存続することができる。さらに，買収では買収した会社とされた会社とで明確な支配・被支配関係が形成されるが，経営統合ではそうした関係は明確にはなりにくい。また，経営統合後に持株会社のもとで事業再編を進めやすい。

③　買収（株式買収）

　買収とは買収対象企業の株式を買い集めることである。買い集める株式数は，取締役を選任できる普通決議の比率である「50％超」であることが多いが，合併や解散を決議できる特別決議の比率である「66.67％」や，100％の場合もある。株式取得は，既発行株式の取得と新規発行株式の引き受けに分けられる。

（1）既発行株式の取得
　既発行株式の取得手法として，まず株式市場での買い集めがある。ただし，買収に必要な株式数が市場に売りに出される保証はないことや，買い集めの途中で価格が急騰したり，法令上の開示義務があるため途中で発覚しやすいことから，この手法だけで公開会社を買収することは困難である。
　次に相対取引による買い集めがある。これは，株式市場を通さずに，対象企業の株主と個別に交渉するなどして取得する手法である。ただし，公開会社の場合，この手法で取得できるのは発行済株式数の1/3までに制限されている。
　実際に（上場会社の）既発行株式を買収する手法は，株式公開買付け（TOB）である。これは，法律の手続きに則って，対象企業の株式の買い取り条件（買付価格，買付株数など）を明確にして公表し，株主に対して持ち株の提供を勧誘する手法である。

以上の3つは，対象企業の個々の株主が持ち株を売却し，それを買い取るという手法であるが，これらと異なる手法として「株式交換」がある。これは，自社の株式を用いて，対象企業の全株式を買い取る手法であり，対象企業の株主総会での特別決議が必要になる。実際には，決議に必要な2/3以上の株式をTOBで確保した後，残りの株式を株式交換等で取得することが多い。

（2）新規発行株式の引き受け

新規発行株式の引き受けとは，対象企業が第三者割当で発行する株式を引き受けることである。株式の割当て先は対象企業の取締役会が決定するため，友好的な買収の場合に利用される手法である。ただし，2014年の会社法改正により，引き受ける者の所有比率が増資後に過半数となる第三者割当を実施する際，所有比率が10%以上の株主が事前に反対した場合，株主総会の承認が必要となった。

④　事業譲り受け・会社分割

事業譲り受けとは，対象企業の中身である"事業"を現金等で買い取ることである。会社分割とは，対象企業の"事業"を自社の株式を交付して買い取ることである。どちらも，対象企業の株式ではなく，組織体を取得するための手法である。

4　日本のM&Aの歴史

①　M&A前史

1965年頃までの時代は，日本のM&A前史といえる。そのうち，第二次世界大戦以前の時代では，主要な財閥が成長する過程で他社を次々と買収し規模や事業範囲を拡大していった。戦中は戦時経済体制のもと，多くの業種において政府主導による統合が行われた。しかし戦後は財閥解体政策により，財閥の各事業は分割されることになった。

図表 11-1　日本の M&A 件数の推移

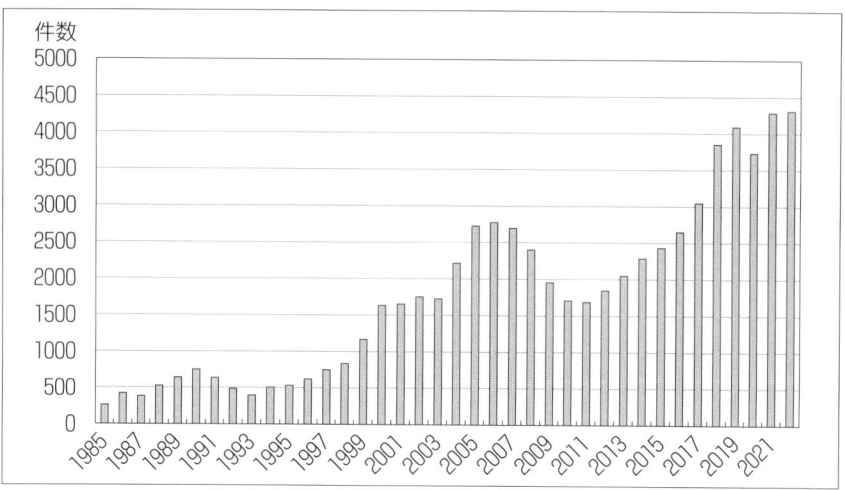

注：グループ内 M&A を含まない。
出所：レコフ『マール』2023 年 2 月号より筆者作成。

②　1960年代後半〜1970年代初頭

　日本の M&A にはいくつかのブーム期があるが（図表 11-1），その第 1 のブーム期であるこの時期の M&A の特徴は，「国内スケールメリット」のための M&A であり，主な M&A タイプは水平型 M&A，特に合併であった。背景としては，1967 年以降の資本自由化に際して外資脅威論が高まり，日本企業は国際競争力の強化のために業界内の大企業同士の合併が行われた。例えば，鉄鋼業では富士製鐵と八幡製鐵の合併による新日本製鉄の誕生（1970 年），自動車製造業では日産自動車とプリンス自動車工業の合併（1966 年）がある。

③　1980年代後半〜1990年

　第 2 のブーム期は 1980 年代後半のバブル経済の時代である。この時期の M&A の特徴は，「多角化と海外進出」のための M&A であり，主なタイプはイン - アウト型のクロスボーダー M&A（買収）であった。クロスボーダー

M&Aとは国境を越えた企業同士のM&Aであり，日本企業による海外企業の買収はイン‐アウト型，その逆はアウト‐イン型と呼ばれる。この時期は急激な円高によって日本企業はカネ余りになり，米国の有力な関連業種企業の買収が多数試みられた。例えば，ブリヂストンによるファイアストンの買収（1988年），ソニーによるコロンビア・ピクチャーズの買収（1989年），三菱地所によるロックフェラー・センターの買収（1989年），松下電器産業（現パナソニックホールディングス）によるMCAの買収（1990年）などがある。しかし，これらの多くは期待通りの成果を生まずに終わっている。

④　1990年代後半〜2003年頃

　第3のブーム期は，バブル崩壊後の長期不況を背景とした企業のリストラクチャリングや業界再編とともに長期にわたって持続した。この時期のM&Aは「選択と集中」のためのM&Aであり，その特徴的なM&Aは事業売買や経営統合といった業界再編型M&Aといえる。この時期は買収や合併だけでなく事業部門の売却や分社・分割が多数行われた。例えば，非中核事業の売却・分割を進めた企業の例としては，ハザマや東ハトがある。また，同業種の大企業同士の経営統合も行われた（みずほフィナンシャルグループ，JFEホールディングス（2003年））。さらに外国資本による日本の大企業の買収も目立った（ルノーによる日産自動車への資本参加（1998年），リップルウッドによる日本長期信用銀行の買収（1999年））。

⑤　2005年頃〜現在

　第4のブーム期は，それまでの長期にわたる事業再構築の取り組みが一段落し，株式市場が活況となった2005年頃から始まっている。この時期では，2008年のリーマンショックの影響を受けて，M&A件数は2009年頃に収束したが，2012年以降，M&A件数はほぼ一貫して増加している。

　この時期のM&Aは「グローバル競争優位」のためのM&Aであり，大型買収や海外企業買収が目立つ。すなわち，国内経済の縮小を背景に，世界市場で勝つための戦略的・挑戦的なM&Aであり，敵対的な買収も厭わない動きも見られた。海外の大型企業買収の例としては，2006年の東芝による米国の

| 図表 11 - 2 | 日本の国内 M&A と国際 M&A の比率の推移 |

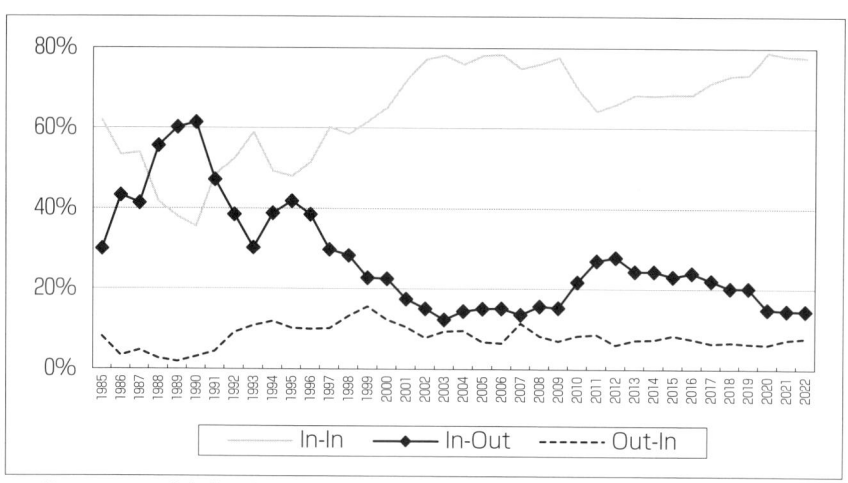

注：In - In：日本企業同士の M&A。In - Out：日本企業が外国企業に対して行う M&A。Out - In：外国企業が日本企業に対して行う M&A。
出所：レコフ『マール』2023 年 2 月号より筆者作成。

ウェスチングハウスの買収（買収額 6,400 億円），同年の日本板硝子による英国のピルキントンの買収（同 6,160 億円），2011 年の武田薬品工業による新興国開拓を目的としたスイスのナイコメッドの買収（同 1.1 兆円）などがある。この時期の海外企業に対する M&A の構成比は増加している（図表 11 - 2）。

　また，失敗に終わったが，2005 年に業界国内 1 位の王子製紙は，世界市場の競争激化を背景に自社の競争力向上と業界再編を目指して，同 6 位の北越製紙に対する本格的な敵対的買収を試みた。この例のような相手企業の事前合意のない買収が徐々に増え始めている。

5　近年の動向

　最後に，近年の M&A の動向について 2 点述べる。第 1 は，事業の切り出し（カーブアウト）である。株式市場からの企業価値向上への圧力を背景に，

郵 便 は が き

101-8796

511

（受取人）

東京都千代田区
神田神保町1－41

同文舘出版株式会社
愛読者係行

毎度ご愛読をいただき厚く御礼申し上げます。お客様より収集させていただいた個人情報
は、出版企画の参考にさせていただきます。厳重に管理し、お客様の承諾を得た範囲を超
えて使用いたしません。メールにて新刊案内ご希望の方は、Eメールをご記入のうえ、
「メール配信希望」の「有」に○印を付けて下さい。

図書目録希望	有	無	メール配信希望	有	無

フリガナ		性 別	年 齢
お名前		男・女	才

ご住所	〒 TEL　（　　　）　　　　Eメール

ご職業	1.会社員　2.団体職員　3.公務員　4.自営　5.自由業　6.教師　7.学生 8.主婦　9.その他（　　　　　　　　　　　）

勤務先 分 類	1.建設　2.製造　3.小売　4.銀行・各種金融　5.証券　6.保険　7.不動産　8.運輸・倉庫 9.情報・通信　10.サービス　11.官公庁　12.農林水産　13.その他（　　　　　　）

職 種	1.労務　2.人事　3.庶務　4.秘書　5.経理　6.調査　7.企画　8.技術 9.生産管理　10.製造　11.宣伝　12.営業販売　13.その他（　　　　　）

複数の事業を抱える企業では，低迷する事業を切り出すことで，企業としての収益性や企業価値を高める動きが増えている。例えば，2022 年にセブン＆アイ HD は，そごう・西武を投資会社のフォートレス・インベストメント・グループに売却すると発表した（売却額 2,500 億円）。このような事業の切り出しによる事業再編を後押しするために，2020 年 7 月，経済産業省は「事業再編実務指針〜事業ポートフォリオと組織の変革に向けて〜」を公表している。

　第 2 は，スモール M&A の増加である。スモール M&A は，年商 1 億円程度の小規模な企業や事業を対象とした M&A である。これが増加している背景には，①売り手としての中小企業の社長の高齢化, ②買い手としてのサラリーマンの副業意欲の高まり, ③仲介役としての M&A 仲介会社および M&A マッチングサイトの増加がある。上記の 2 点とも，今後の M&A の増加要因といえる。

参考文献

坂本恒夫・文堂弘之編著［2006］『図解 M&A のすべて』税務経理協会。
坂本恒夫・文堂弘之編著［2007］『成長戦略のための新ビジネス・ファイナンス』中央経済社。
坂本恒夫・文堂弘之編著［2008］『ディール・プロセス別 M&A 戦略のケース・スタディ』中央経済社。
坂本恒夫・文堂弘之編著［2010］『M&A と制度再編』同文舘出版。
文堂弘之［2021］「第 17 章　撤退戦略としての M&A を活用した中小企業」林幸治編著, 日本中小企業・ベンチャービジネスコンソーシアム著『新中小企業論』文眞堂。
レコフ［2023］『マール』2 月号。

企業の国際化

1 企業の国際化とは
①国際化（Internationalization）：企業が国境を越えて世界中から経営資源を調達し，事業を拡大すること。
②ダニングの折衷理論：所有特殊優位，立地特殊優位，内部化優位

2 国際化の形態
①国際化の形態：輸出，海外現地生産，その他
②国際化の5段階：間接輸出，直接輸出，部品の現地生産，完成品の現地生産，グローバルバリューチェーンの構築

3 日本企業の国際化
①国際化の現状
②日本企業の国際化の歴史
- 第1段階（1950年代〜1980年代前半）：輸出中心
- 第2段階（1980年代半ば〜1990年代）：生産分業の最適化
- 第3段階（2000年代〜2010年代）：製品競争力の向上
- 第4段階（2010年代〜）：イノベーション創出
- 第5段階（2020年〜）：ダイバーシティ経営

4 国際化の意義
①コストの削減
②収益の拡大

1 企業の国際化とは

　企業は消費者に対して製品とサービスを提供して利益を出し続けている。こうした市場取引の中で，どのように製品に付加価値を付けて，事業の競争力を高めていくのかは企業活動を決める。その際に，企業が国境を越えて世界中から経営資源を調達し，事業を拡大することは国際化（Internationalization）と呼ばれる。国際化は活動拠点の拡大を表すだけではなく，海外展開を通して国内の経営活動を見直して，効率性と収益性を高める契機として期待できる。また，国際化を実現するために，新しい経営手法や技術が求められる。その結果として，イノベーションの創造につながる。

　企業の海外進出を説明する包括的枠組みとして，ダニング（Dunning）が提唱した折衷理論（OLI パラダイム）が挙げられる。企業が生産活動を海外に移転する際に，所有特殊優位（Ownership Specific Advantages），立地特殊優位（Location Specific Advantages），内部化優位（Internalization Advantages）という 3 つの要素を同時に満たさなければならない。所有特殊優位とは，独自の資産から生じる優位性と，グローバル規模で自社の資産を有効的に活用する能力を指す。立地特殊優位とは，受け入れの国と地域が提供する特殊な要因を指す。内部化優位とは，必要とされる中間財や技術を外部市場で取引するよりも，自社内で管理し，利用した方が最も利益をもたらす状況である。

　このように，企業の国際化は，既存事業の延長線上で考えるのではなく，長期的な視点に立って推進されるべきである。

2 国際化の形態

国際化の形態として主に下記の 3 つが挙げられる[1]。

①輸出：企業が海外に製品を輸出するには，輸出業者などに委託する間接輸出と企業が自社製品を輸出する直接輸出という 2 つの方法がある。

②海外現地生産：海外現地生産には，現地で子会社を設立する，あるいは現地企業を買収して生産を行う完全子会社方式と，現地あるいは外国企業と合弁会社を設立する合併方式と，海外の企業に生産を委託する契約製造という3つの方法がある。

③その他：サービス企業の国際化の場合には，一定期間，特許や発明などの無形資産に対するアクセスを与えるライセンシングと社名ブランドの使用を許可するフランチャイジングなどがある。

　また，企業が国際化を進めるには一定のパターンがある。それによって国際化は下記の5段階に分けられる[2]：

第1段階：間接輸出
第2段階：直接輸出（海外での自社販路の開拓，現地販売子会社設立）
第3段階：現地生産（部品の現地組み立て，生産）
第4段階：現地生産（新製品の現地生産）
第5段階：地域・グローバル統合

　第1段階から第4段階までは，上記で説明したように，企業が輸出代行業者に委託する，または自ら製品の輸出と製造を行う。第5段階の「地域・グローバル統合」では，生産だけではなく，研究開発といった機能の一部を海外に移転することがある。

　こうした段階を経て欧米企業は国内外の経営資源を活用しながら，事業を拡大してきた。日本の製造企業も商社に依存した間接輸出から，自社の輸出部門による直接輸出にシフトした。その後，海外で生産拠点を設立し，経営の現地化を図りながら，国内外で既存事業の拡大と新規事業の創造を進めている。その際に，経営目標と外部環境に応じて国際化の進め方を変える。

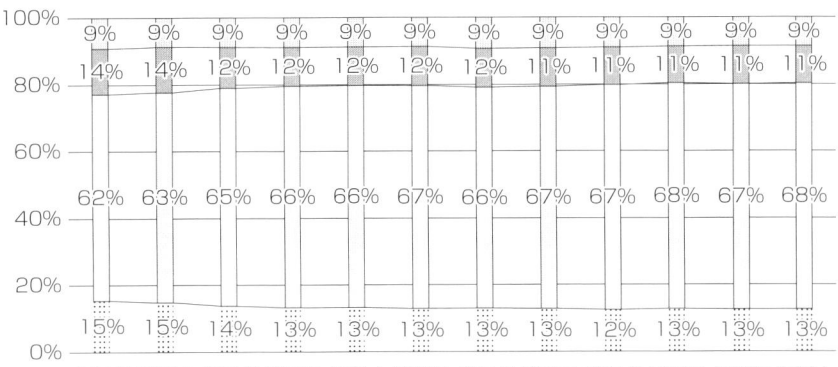

図表 12-1　現地法人の地域別分布比率の推移（2010年度〜2021年度）

出所：経済産業省［2010〜2021］「海外事業活動基本調査」より筆者作成。

3　日本企業の国際化

①　国際化の現状

　経済産業省は，毎年「海外事業活動基本調査」を公表している。この調査は海外に現地法人を有する日本企業（金融業，保険業および不動産業を除く）を対象とするものである。2010年度から2021年度まで，現地法人の地域別分布比率の推移は図表12-1に示す通りである。アジアの全体に占める割合が増加し続けて，68%に達している。

　また，2017年度から2021年度まで，現地法人売上高（地域別）の推移は図表12-2に示す通りである。すべての地域における現地法人の売上高は，2019年度と2020年度には減少したが，2021年度には増加した。地域別を見ると，アジアと北米は増えているが，欧州とその他の地域は横ばいで推移している。

図表 12 - 2 　　現地法人売上高の推移（地域別）

単位：兆円

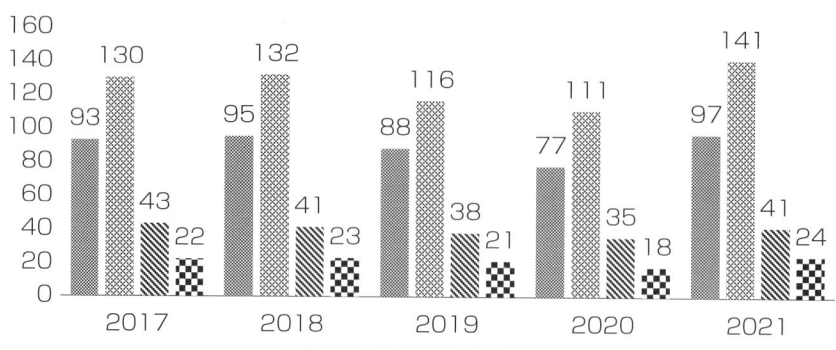

出所：経済産業省［2017 ～ 2021］「海外事業活動基本調査」より筆者作成。

②　日本企業の国際化の歴史

　国際化は日本企業にとって収益の拡大，生産性・効率性の向上といった目標を実現するための方法であり，為替変動や貿易摩擦などへの対応策でもある。また，グローバル市場において競争力を高める手段として使われている。1950年代以降，日本企業の国際化は以下の５つの段階に分けられる。

第１段階（1950 年代〜 1980 年代前半）：輸出中心

　日本企業は商社と社内の輸出担当部門を通じて，製品を輸出していた。

第２段階（1980 年代半ば〜 1990 年代）：生産分業の最適化

　1985 年「プラザ合意」を受けて，円が急騰した。そのため，日本企業は輸出中心から脱却し，海外現地生産へと移行した。海外で作られたものは現地市場と日本国内市場以外に，第３国の市場にも提供していた。1990 年代を通じて，日本企業は比較優位性の観点から国際的な生産分業の体制を構築した。

第３段階（2000 年代〜 2010 年代）：製品競争力の向上

グローバル市場において，途上国の市場規模の拡大に伴い，ローカル新興企業が台頭し，競争が一層激しくなった。市場シェアを獲得するために，日本企業は現地で研究開発の拠点を設立し，製品の競争力を高めてきた[*3]。

第4段階（2010年代〜）：イノベーション創出

製品ライフサイクルの短縮化と技術の複雑化によって，組織の枠を超えたイノベーション，いわゆるオープン・イノベーションへの関心が高まっている。これを実現するための手法として，クロスボーダー M&A が期待される[*4]。こうして，ターゲット企業の多国籍化に伴って，日本企業の国際化を一層進展させていく。

第5段階（2020年〜）：ダイバーシティ経営

ダイバーシティ経営[*5]の推進策の1つとして，日本企業が国内で外国人材の採用を拡大させることが挙げられる。これまで，人材の採用は主に，海外子会社が現地で行っていた。産業構造の変化やグローバル市場競争の激化に応じて，企業内部の人材の多様化が求められる。国内に向かって取り組むことは「内なる国際化」とも呼ばれる[*6]。

4 国際化の意義

① コストの削減

従来の国際分業は，途上国の企業が原材料を提供し，先進国の企業が工業製品を製造するという垂直型であった。1990年代に入ると，先進国の海外投資拡大と途上国の経済成長に伴い，産業構造は水平的国際分業へと変わっていく。顧客に製品を提供する諸活動は図表12-3で示す価値連鎖として捉えることができる。先進国の企業は製品の企画，設計，開発などを行い，途上国の企業は部品の生産や製品の組み立てを担う。前者は工場や製造設備などを持たないため，ファブレス企業と呼ばれて，後者は委託されたものの製造に特化するため，

図表 12 - 3　　価値連鎖

企画 〉設計・開発〉 部品の生産 〉 製品の組み立て 〉 物流 〉 カスタマーサービス

出所：筆者作成。

ファウンドリ企業と呼ばれる。例えば，パーソナルコンピュータをはじめ，エレクトロニクス製品は水平的な分業の中で作られている。こうして，生産拠点を人件費の安い途上国に移転することによって，原材料だけではなく，加工・組み立てのコストも下げることが可能になる。また，近年，研究開発のコストを下げるために，海外に研究開発拠点を設置する企業が増えている。

②　収益の拡大

　海外に販売子会社を設立するまたは研究開発拠点を設置することは，収益の拡大につながる。中間の流通業者を通じて，新規市場に参入することが可能であるが，販売子会社を通じて，新しいニーズを把握することもできる。特に，新製品開発の際に，シーズとニーズの両面から考えることが重要である。販売子会社と研究開発拠点を海外に移転すれば，より効率的に消費者の嗜好に適する製品を開発することが期待できる。

注

* ＊1　浅川［2003］49 - 52 頁。
* ＊2　浅川［2003］52 頁。
* ＊3　戸堂［2008］は「先進国企業による途上国での研究活動が活発になってきているが，その中心は投資相手国の消費者の嗜好や規制に製品を適応させるためのものであり，その規模は投資先の市場規模に特に大きく依存する」と述べている。
* ＊4　レコフ［2022］のデータを見ると，日本企業によるクロスボーダー M&A（IN-OUT）は 2008 年から増加傾向にある。特に，2010 年から 2019 年までの間，日本企業によるクロスボーダー M&A（IN-OUT）の件数は全体の 20％以上を占めている。
* ＊5　経済産業省［2024］では，ダイバーシティ経営を「多様な人材を活かし，その能力が最大限発揮できる機会を提供することで，イノベーションを生み出し，価値創造につなげている経営」と定義している。
* ＊6　吉原［1989］によると，「内なる国際化」とは日本の親会社の国際化を意味し，「親会社の意思決定過程に外国人が参加していること，あるいは外国人が参加

できる状態にあること」と定義されている。

参考文献

浅川和宏［2003］『マネジメント・テキスト　グローバル経営入門』日本経済新聞出版社。

戸堂康之［2008］『開発経済学の挑戦1　技術伝播と経済成長　グローバル化時代の途上国経済分析』勁草書房。

吉原英樹［1989］『現地人社長と内なる国際化』東洋経済新報社。

レコフ［2022］「2008年以降のマーケット別M&A件数の推移」『MARR：M&A専門誌マール』2022年12月号。

経済産業省［2024］「ダイバーシティ経営の推進」〈https://www.meti.go.jp/policy/economy/jinzai/diversity/〉（2024年3月1日）。

Dunning, J. H.［1993］*Multinational Enterprises and the Global Economy*, Addison-Wesley.

V　所有と経営

個人大株主支配

1　日本における株式所有構造の変遷
①個人大株主（財閥一族）→法人株主→機関投資家

2　財閥による支配
①財閥とは，三井・三菱・住友などの同族による，持ち株会社を頂点として多角的な経営を行う独占的な企業集団のこと
②頂点に財閥一族が100%出資する持株会社を設立し，傘下の会社を支配するというピラミッド型の支配形態
③傘下会社の利益は，配当という形態で持株会社の財閥本体に吸い上げられる仕組みになっていた

3　財閥解体と個人大株主支配の終焉
① GHQ による財閥解体
- 持株会社の所有権の没収・解体，会社役員からの強制的な退任などを求める
- 三井・三菱・住友・安田の4大財閥だけでなく，浅野，野村など83社が持株会社として指定され，順次解体された

1 日本における株式所有構造の変遷

日本における株式会社の株式所有構造は，戦前は個人大株主である財閥が，第二次世界大戦後に株式持ち合いが形成されたことによって法人株主が，バブル崩壊後には株式持ち合いの崩壊と英米機関投資家の台頭に伴い機関投資家が中心となっていった。

第二次世界大戦終了時までは，財閥の中心として存在していた個人の大株主（財閥一族）が企業を支配している状態であった。

GHQ による財閥解体によって，財閥が保有している株式が放出され，旧財閥企業の役員や部長・係長などが経営を行った。

しかし，その後間もなく，陽和不動産の株式買い占め事件，資本の自由化など，買収の危険性を感じた旧財閥系企業が，株式持ち合いを行うことで都市銀行や大企業といった法人が主要株主となった。企業 A の株主は企業 B であり，同様に企業 B の株主が企業 A である。これを多数の同系企業集団と行っていた。このように，企業集団内の法人（企業）が他法人の大株主として存在しており，この株式所有構造はバブル崩壊による株式持ち合いの崩壊まで続く。

持ち合い崩壊後に市場に流れた株式を保有したのが機関投資家（特に，英米機関投資家）であり，この頃から急速に株式保有比率を高めていく。英米機関投資家は，株主利益を上げるよう企業に積極的に働きかけるため，日本においても株主を重視する経営を求められるようになった。

「Ⅴ　所有と経営」では，株式保有構造の変遷とそれが企業に与える影響について，順を追って説明する。

2 財閥による支配

第二次世界大戦前の支配形態は，財閥によるものであった。財閥とは，三井・三菱・住友などの同族が，持株会社を頂点として多角的な経営を行う独占的な企業集団のことで，資本を所有するものが企業を経営し，その利益を占有する

という資本家支配の形態である[*1]。頂点に財閥一族が100%出資する持株会社を設立し，傘下の会社を支配するというピラミッド型の支配形態である。従来から行ってきた事業については株式会社化して直系会社とし，その直系会社が持っている子会社までも間接的に支配していた。それらの会社の利益は，配当という形態で持株会社の財閥本体に吸い上げられる仕組みになっていたのである[*2]。具体的な例として示したのが，図表13-1の三井財閥の系統図である。

　三井財閥は，三井合名会社を頂点に，直系会社と傍系会社に分かれている。直系会社には，東神倉庫を除き，「三井」が社名に入っている。特徴的なのは，前述の通り頂点である三井合名会社から組織がピラミッド型に広がっていることである。三井物産においては，そこからさらに直系子会社・傍系子会社に派生していき，それらの傘下には数多くの企業が存在していた。この時代においては，三井物産の船舶部，造船部は内部組織であるが，後に子会社として三井船舶，三井造船と分社化されていく。また，傍系会社においても，例えば王子製紙は，数多くの傘下企業を抱えていることがうかがえる。このように，三井財閥は三井合名会社を頂点とするピラミッドの中に，子会社によるピラミッド構造も内包させ，組織を巨大化させていった[*3]。

　次に，三井・三菱・住友の資本金と一族による株式保有比率を確認する。満州事変（1931年）以前，三井財閥の持株会社である三井本社は，資本金5億円，発行済株式の63.6%が三井一族によって所有されていた。三菱本社は，資本金2億4,000万円，岩崎一族が全体の47.5%を所有していた。明治生命や東京海上火災など三菱系企業の所有株式を合わせると過半数になる。住友本社は，資本金2億2,500万円，住友一族が83.3%を所有していた[*4]。このように，頂点の持株会社は過半数を超える株式所有とともに，相当程度の影響力を持っていた。

　もちろん，傘下企業の経営すべてを財閥一族だけで行うことは不可能であり，外部からの専門経営者も存在していた。ただし，株主である財閥一族からの影響力は強く，彼ら専門経営者は，現在でいうと株主価値を上げるよう求める物言う株主（財閥一族）に報いるような経営を求められていた[*5]。

　その後，1937年時点での，財閥による傘下関係会社への払込資本金合計を示したのが図表13-2である。三井は払込資本金合計が6億1,259万円で，相

図表 13-1　三井財閥の系統図（1928年頃）

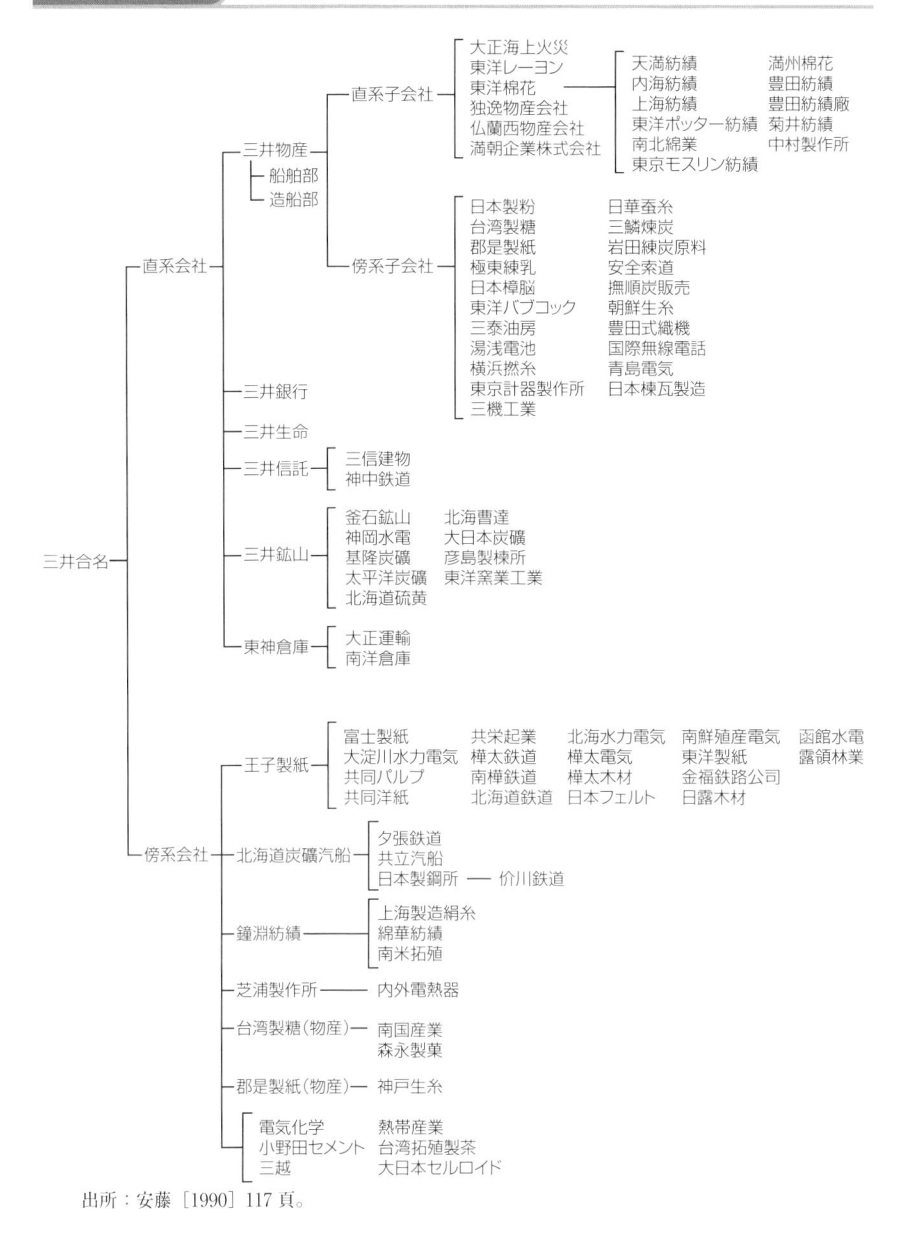

出所：安藤［1990］117頁。

対的に重工業の比重が高い。三菱は払込資本金合計が5億7,409万円で，財閥別に見ると金融業の比重が高く，個別部門で見ると海運業への比重も高い。住友は払込資本金合計が3億8,684万円で，相対的には金融，重工業，その他の土地・建物・倉庫の比重が高い。全国に占める3大財閥の割合は8.9%であり，ある程度の支配力を三井・三菱・住友だけで占有していたことがわかる。

　これ以降，さらに財閥の支配力が強化されていく。1946年9月の財閥解体時において，三井の資本金合計は30億6,130万円，対全国比で9.4%の割合を占めており，同様に三菱は27億351万円，対全国比8.3%，住友は16億6,668万円，対全国比5.2%であった（図表13-3参照）。ここに安田を加えた4大財閥の傘下企業の払込資本金合計は79億2,086万円であり，日本全体の会社資本金合計の323億7,952万円から計算すると，全体の24.5%を占めていた。さらに，鮎川，浅野，古河，大倉，中島，野村の6財閥を加えた10大財閥の傘下企業の払込資本金合計は114億1,030万円であり，全体の35.2%であった。

3　財閥解体と個人大株主支配の終焉

　第二次世界大戦後，GHQは財閥が戦争の経済的基盤であったと見なし，解体を求めた。ただし，GHQはそれを自主的に行うことを求めていたため，日本政府は1945年11月に下記案を提出した[6]。

① 　4大財閥の本拠である各持株会社は所有するいっさいの証券およびあらゆる商社，法人，その他の企業に対し有するいっさいの所有権，管理，利権の証憑を日本政府の設置する整理委員会に移管し，これによって解体をうけること。

② 　この各持株会社の移管財産に対する弁済は，10年間換価譲渡を禁ぜられた日本政府公債をもってなされること。

③ 　三井，岩崎，住友，安田財閥のいっさいの成員はすべてその銀行および事業に占める現職から引退すること。

④ 　各財閥の持株会社の取締役および監査役などの役員も同様にその地位を退くこと。

図表 13-2　傘下関係会社払込資本金総額に見る３大財閥の地位（1937年）

（単位：万円）

部門別	財閥別	三井 資本金	三井 ／全国 (%)	三菱 資本金	三菱 ／全国 (%)	住友 資本金	住友 ／全国 (%)	合計 3社 資本金 合計	合計 3社合計 ／全国 (%)
金融業	銀行	6,000	4.2	6,250	4.4	5,000	3.5	17,250	12.2
	信託	750	10.1	750	10.1	500	6.8	2,000	27.1
	保険	300	2.0	5,700	38.8	325	2.2	6,325	43.0
	小計	7,050	4.0	12,700	7.2	5,825	3.3	25,575	14.5
重工業	鉱礦	16,255	11.2	10,685	7.4	3,415	2.4	30,355	20.9
	金属	1,500	1.7	1,250	1.4	5,600	6.2	8,350	9.2
	機械器具	4,062	3.9	10,662	10.1	4,190	4.0	18,914	18.0
	化学	8,001	5.8	3,650	2.6	3,840	2.8	15,491	11.1
	小計	29,818	5.9	26,247	5.2	17,045	3.4	73,110	14.4
軽工業	製紙	−	−	800	2.3	−	−	800	2.3
	窯業	2,568	8.6	3,300	11.1	550	1.8	6,418	21.5
	繊維	4,079	3.8	500	0.5	3,000	2.8	7,579	7.0
	農林・水産・食品	1,118	1.6	1,530	2.1	−	−	2,648	3.7
	雑業	714	1.3	475	0.8	105	0.2	1,294	2.3
	小計	8,479	2.8	6,605	2.2	3,655	1.2	18,739	6.3
その他	電力・瓦斯	1,125	0.4	−	−	1,912	0.7	3,037	1.1
	陸運	732	0.6	857	0.7	4,512	3.5	6,101	4.8
	海運	275	0.6	7,425	15.6	−	−	7,700	16.2
	土地・建物・倉庫	1,250	2.0	1,225	1.9	5,735	9.0	8,210	12.9
	商事・貿易	12,530	4.3	2,350	0.8	−	−	14,880	5.1
	小計	15,912	2.0	11,857	1.5	12,159	1.5	39,928	5.0
合計		61,259	3.5	57,409	3.3	38,684	2.2	157,352	8.9

出所：持株会社整理委員会調査部第二課［1950］472-473 頁をもとに作成。

図表 13-3　財閥解体時の傘下関係会社払込資本金総額（1946年）

（単位：万円）

	三井	三菱	住友	3社資本金 合計	全国
資本金合計	306,130	270,351	166,668	743,133	3,237,952
対全国比	9.4%	8.3%	5.2%	22.9%	100.0%

出所：持株会社整理委員会調査部第二課［1950］468-469 頁をもとに作成。

⑤　各財閥の持株会社はその傘下の銀行，会社などに対する指令権または管理権の行使を停止すること。

GHQ は日本政府案で出されたこれら 4 大財閥だけでなく，浅野，野村などさらに多くの財閥の解体を求め，最終的には 83 社が持株会社として指定され，順次解体された。これにより，個人大株主支配が強制的に終焉を迎えることになる。

注

* 1　なお，財閥が存在していた時期については，明治期から第二次世界大戦期までとするものや，第一次世界大戦前後の時期には，財閥は自身の資本のみでなくすでに社会的資本を取り入れコンツェルン化していたため，上述の認識は間違いであるという意見もある（橘川 [1995]，[1996] 参照）。本講においては，財閥は第二次世界大戦期まで存在していたものとする。
* 2　坂本・佐久間 [1998] 33 - 35 頁。
* 3　武田 [1995] 206 - 209 頁。
* 4　奥村 [2005] 26 頁。
* 5　日銀総裁や大蔵大臣なども務めた池田成彬氏は，三井合名常務理事時代を「三井十一家にはやかましい人もあり，口を出す人があって，そのまとめ役というものは一通りではない」と振り返っている（『日本経済新聞』1998 年 9 月 7 日付朝刊）。
* 6　奥村 [2005] 32 - 34 頁。

参考文献

安藤良雄 [1990]『近代日本経済史要覧（第 2 版）』東京大学出版会。
奥村　宏 [2005]『最新版 法人資本主義の構造』岩波現代文庫。
橘川武郎 [1995]「戦前日本の産業発展と財閥（一）」『社会科学研究』第 47 巻第 3 号。
橘川武郎 [1996]「戦前日本の産業発展と財閥（二）」『社会科学研究』第 47 巻第 6 号。
坂本恒夫・佐久間信夫編，企業集団研究会 [1998]『企業集団支配とコーポレート・ガバナンス』文眞堂。
武田晴人 [1995]『財閥の時代』新曜社。
松元　宏 [2004]「日本の財閥―成立・発展・解体の歴史―」『エコノミア』第 55 巻第 1 号。
持株会社整理委員会調査部第二課 [1950]『日本財閥とその解体　資料』持株会社整理委員会。

経営者支配・法人大株主支配 第14講

1 「所有と経営の分離」と「経営者支配」
①バーリ・ミーンズの「所有と経営の分離」
　会社の大規模化に伴う株式の分散と，専門経営者の登場による

2 日本における経営者支配
①日本における経営者支配の時期：財閥解体から株式持ち合い形成まで
②GHQ による財閥解体→財閥一族が保有していた株式は，当該発行会社の従業員，一般投資家に配分
③財閥の経営者に代わり，役員や部長・係長など，会社内部の中間管理者が経営者となる（強制的に経営者支配の状態が作られた）

3 株式持ち合い形成によって増大する法人株主
①陽和不動産の株式買占め事件（1952 年）
②資本の自由化（1967 年から段階的に開始）
　→安定株主工作として「株式持ち合い」を始め，一度は分散された株式が再び集中
③株式持ち合いは，戦前の財閥を基礎とする同系の企業集団内で行われており，それはメインバンクである都市銀行主導で形成された
④自社の主要株主は企業集団メンバーとなり，彼らを意識した，売上高，シェアを重視する経営を行っていた

4 株式持ち合いの崩壊による法人株主の株式保有比率の低下
①バブル崩壊，時価会計の導入→メインバンク主導の株式持ち合いの解消
②放出された株式は英米の機関投資家が購入，日本企業においてもその地位が向上
　→主要株主が法人大株主から機関投資家へ

5 近年の株式持ち合いの状況
①現在の株式持ち合いの実施目的：戦略的提携
②機関投資家からの批判に加え，コーポレートガバナンス・コードが求める政策保有株式の削減，東京証券取引所による 2022 年度の市場区分の再編による上場基準の変更が，株式持ち合いの解消を加速

1　「所有と経営の分離」と「経営者支配」

　会社を設立する時，その多くは創業者，場合によってはそれに数名を加えた者が資金を拠出し，彼ら自身が会社を経営する。会社所有者（株主）と経営者が一致している状態である。その後，会社発展の過程において，より多くの資金を必要とする場合がある。自己資金で賄えなくなった時，株式会社であれば株式をさらに発行して資金を調達することが可能であり，投資家がその株式を購入することで資金を会社に提供する。この過程を経ていくと，発行済株式総数が株式会社設立当初よりも増えることになり，言い換えるとそれだけ株主も増えていく。株式には議決権があるが，株式が多数に分散されると，これまで大株主だった会社所有者（経営者）の持株比率は減少し，株主総会において自身の意見は反映されにくくなる。また，会社の大規模化に伴って，会社経営もより専門知識が求められるようになり，専門の経営者が雇われることがある。

　これが，バーリ・ミーンズ両氏が明らかにした「所有と経営の分離」である。株式会社の大規模化によって，会社所有者（株主）と経営者が分離した状態である。バーリ・ミーンズが米国において調査したところによると，1929 年時点で，AT&T の最大株主は全体の 0.7%，ペンシルヴァニア鉄道の最大株主は全体の 0.34%，US スチールの最大株主は全体の 0.9% という保有比率であった[*1]。この結果に基づき，『近代株式会社と私有財産』を発表し，「経営者支配論」を展開した。

　ここで，バーリ・ミーンズは米国企業の支配状況を以下のように分類し，経営者支配が全体の 44% を占めていることを明らかにした。

① ほとんど完全な所有による支配：支配株主（個人・少人数集団）の株式保有比率 100 〜 81%

② 過半数持株支配：支配株主（個人・少人数集団）の株式保有比率 80 〜 51%

③ 法律的手段による支配：支配株主（個人・少人数集団）の株式保有比率は過半数に満たないが，持株会社のピラミッド型支配，議決権信託など法的手段によって会社を支配

④ 少数持株支配：支配株主（個人・少人数集団）の株式保有比率50〜20%

⑤ 経営者支配：支配株主（個人・少人数集団）の株式保有比率20%未満

2 日本における経営者支配

米国においては所有と経営の分離が自然に時間をかけて進んでいったのであるが，日本においては強制的に経営者支配の状態が作られた[*2]。

第二次世界大戦後，GHQによって財閥解体が行われた。財閥が「戦争の経済的基盤」とされたためである。財閥家族による持株会社は解体され，独占禁止法により設立を禁止された。財閥一族が保有していた株式は，持株会社整理委員会（HCLC）に委譲された。その後，膨大な株式を処理するために，1947年に設立された証券処理調整協議会（SCLC）によって，それら株式が処分された。それらの株式は当該発行会社の従業員に対して優先的に売却，また一般投資家にも配分され，一時的に個人の持株比率が上昇した[*3]。

株式の分散とともに財閥の経営者が追放されたため，代わって，役員や部長，係長，工場長など，会社内部の中間管理者が経営者となった。個人投資家が株式の多くを所有していた時期は，陽和不動産の株式買い占め事件や資本の自由化などの影響によって崩れていく。

3 株式持ち合い形成によって増大する法人株主

ドッジラインの実施によるインフレの収束，その影響による安定恐慌を契機とした株価下落によって，個人投資家は株式を手放した。このような状況下で，1952年に陽和不動産の株式買い占め事件が起こった。旧三菱財閥系の陽和不動産が，投機師・藤綱久二郎氏に株式を買い占められたが，経営権を奪われることを恐れた三菱銀行を中心とした旧三菱財閥系の企業が協力し，同氏から株式を高値で買い戻している。企業が買収の恐れを認識し始めた事件であった。

さらに，1967 年から段階的に始まった資本の自由化もその要因の 1 つと考えられる[*4]。外国資本が日本に入ってくることを許可するもので，海外企業が日本企業の株式を取得することが可能になるため，買収の危険性が一層増大すると企業は考えた。

これらの出来事に危機感を募らせた企業は，安定株主工作として「株式持ち合い」を始め，一度は分散された株式が再び集中されるようになった。株式を保有することで株主総会における議決権を取得するのであるが，株式持ち合いの場合，お互いが経営に関与しない，物言わぬ株主（安定株主）となる。この株式持ち合いは，戦前の財閥を基礎とする同系の企業集団内で行われており，それはメインバンクである都市銀行主導で形成された。三菱銀行が三菱商事の株式を保有する，というように，都市銀行が同系企業の株式を保有し，事業会社間で株式を持ち合う場合にはその購入資金を融資していたのである。

都市銀行，あるいは一部の事業会社で多数の株式を所有せずに，株式持ち合いという方法を用いたのには，陽和不動産の株式買い占め事件の時期（1952 年）と若干前後するのであるが，事業法人による株式保有禁止が定められた独占禁止法の影響が挙げられる。1947 年に「私的独占の禁止及び公正取引の確保に関する法律（独占禁止法）」が制定され，当初は非金融会社による株式所有が原則禁止されていた。一方で金融機関による株式保有は，発行済株式総数の 5% の範囲内で可能であった。これが，1949 年改正で「競争会社の株式だけを所有してはならない」，1953 年改正で「一定の取引分野における競争を実質的に制限することとなる場合に株式所有を禁止」と原則的に事業法人の株式保有が認められるようになり，金融機関による株式所有も 1953 年改正で保有制限が 10% までと拡大された[*5]。

1953 年の独占禁止法の改正で事業会社の株式保有が実質的に解禁されたことによって，金融機関に株式を所有されている事業会社が，反対にその金融機関の株式を取得することが可能になった。金融機関と事業会社の間における株式持ち合いの形成である。さらに，金融機関と事業会社との関係だけでなく，事業会社と事業会社の間でも持ち合いが行われ，グループ全体で見ると非常に大きな保有比率になっていった。

このような過程を経て，個々の金融機関・事業会社だけでなく，企業集団と

図表 14-1 企業集団によるメンバー企業の保有株式比率

(単位：%)

		1954年	1964年	1974年	2004年
三井	合計平均	9.51	11.87	17.36	8.04
	最大値	26.43 (大正海上 火災保険)	66.07 (三井石油 化学工業)	64.42 (三井石油 化学工業)	33.91 (三井住友 建設)
三菱	合計平均	9.36	14.85	26.83	16.81
	最大値	24.14 (三菱地所)	82.89 (三菱 セメント)	58.84 (三菱樹脂)	58.44 (三菱樹脂)
住友	合計平均	16.53	26.1	26.97	11.47
	最大値	43.29 (住友商事)	48.35 (住友商事)	47.67 (住友倉庫)	36.20 (住友 軽金属工業)

出所：菊池［2005］62-67頁，116-117頁，174-179頁をもとに作成。

しての支配資本が形成された。自社の主要株主は同系企業集団メンバーとなり，彼らを意識した，売上高，シェアを重視する経営を行っていたのである。

　前述の通り，当時，戦前の財閥のような持株会社の設立は独占禁止法第9条によって禁止されており，商法210条によって自社株保有も禁止されていたため，支配権の獲得にあたっては，金融機関，特に都市銀行が企業集団の中心的役割を果たしていた[6]。つまり，都市銀行を中心とした企業集団によって，この時代は支配構造が成立していた。

　なお，三井，三菱，住友グループの株式保有比率を見ると，図表14-1のようになる。

　三井グループの1974年当時の株式保有比率を見ると，三井銀行がグループ企業の株式を平均3.27%保有し，グループ企業の三井物産，三井不動産，三井造船などがそれぞれ数%ずつを持ち合っていた。菊池［2005］の調査によると，銀行・保険等を合わせた同企業集団の1企業に対する株式保有比率は，17.36%であった[7]。後に述べる三菱・住友と比較すると若干少ない数値かもしれないが，それでも十分な比率を確保していた。

　三菱グループの1974年当時の株式保有比率を見ると，三菱銀行がグループ企業の株式を平均4.60%所有し，三菱商事，三菱重工業，三菱鉱業セメント，

三菱化成などの他企業がそれぞれ数 % を取得していた。銀行や保険等を含めたグループ 24 社で平均 26.83% の保有比率で，三菱樹脂（58.84%），三菱油化（54.99%）のようにグループで 50% を超える企業もあり，当時の影響力の強さをうかがわせる[8]。

住友グループの 1974 年当時の株式保有比率を見ると，住友銀行がグループ企業の株式を平均 4.81% 保有し，住友商事，住友金属工業，住友化学，日本電気などの企業が数 % を取得していた。銀行・保険を含めた 15 社で平均 26.97% の保有比率で，少なくとも 20% 台，多くは 30% 台を確保していた[9]。

2004 年の数値を見ると，三井，三菱，住友のすべてがピーク時より比率を減少させている。三菱系の 16.81% という数値が高いか低いかは判断が分かれるところではあるが，かつての影響力が弱まっていることを示している。

4 株式持ち合いの崩壊による法人株主の株式保有比率の低下

メインバンク主導の株式持ち合いは，バブル崩壊によって解消に向かった。都市銀行は企業に貸し出した資金が不良債権となり経営を行き詰まらせた。日経平均株価も大幅に下落したが，企業が持ち合いによって保有していた株式の株価も同様に暴落した。株式持ち合いの解消に拍車をかけた要因として，時価会計の導入が挙げられる。これまでは持ち合い株式を簿価で示すことが許されており，たとえ株価下落があったとしても財務諸表に反映されることはなかったため，保有し続けることが可能であった。しかし，2001 年に導入された時価会計により保有株式を時価で評価しなければならなくなり[10]，株価の変動が保有企業の財務に影響を及ぼすようになったため，持ち合い株式を保有し続ける余裕がなくなり，売却に拍車をかけたと考えられる。一方で，持ち合いの中心となっていた銀行については，2001 年 11 月に「銀行等の株式等の保有の制限等に関する法律」が成立し，自己資本を超える株式保有ができなくなった[11]。そのような影響で，持ち合い株式は市場に流れた。

ニッセイ基礎研究所では，「株式持ち合い状況調査」を行っていた（図表 14-2 参照）。この調査は，上場企業間で株式持ち合いがどれくらい行われてい

図表 14-2 持合比率等の推移

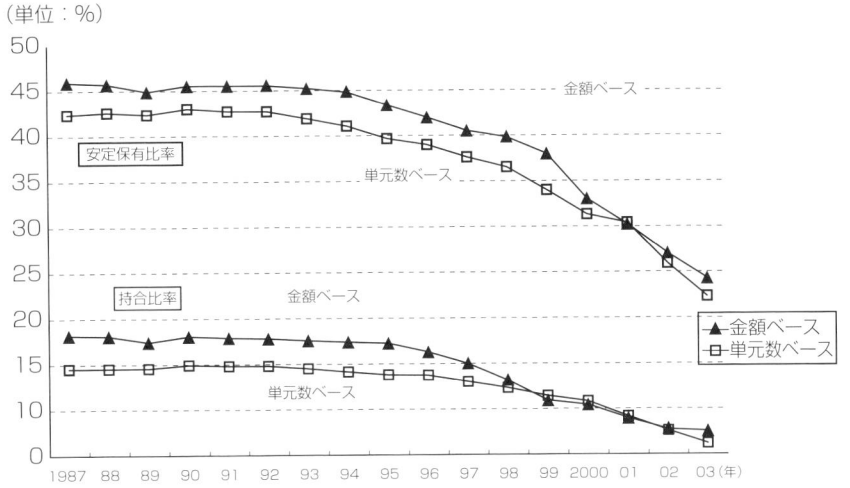

（単位：%）

注：持合比率：2社間で相互に保有していることが確認された株式の割合。
　　安定保有比率：持合株式，金融機関が保有する株式，事業会社が保有する金融機関株式，親
　　会社などに関係会社として保有されている株式，の割合。
出所：ニッセイ基礎研究所［2004］『株式持ち合い状況調査2003年度版』。

るかを，株主名簿を照らし合わせることによって明らかにしたものである。
1996年度から公表していたが，株式持ち合いの解消に伴い2003年度をもって
終了している。

　この調査においては，持ち合い比率と安定保有比率という2指標が用いられ
ている。持ち合い比率とは，2社間で相互に保有していることが確認された株
式の比率である。安定保有比率とは，安定保有株式（持ち合い株式，金融機関
が保有する株式，事業会社が保有する金融機関株式，親会社などに関係会社と
して保有されている株式）の割合である。

　1987年度と2003年度の数値を比較すると，持ち合い比率は18.5%から7.6%,
安定保有比率は45.8%から24.3%となっており，2003年度の数値は調査開始
以来最低を記録している。ただし，この調査結果についてニッセイ基礎研究所
は，株式市場全体に占める持ち合いの重要度の低下が継続しているものの，持
ち合い関係は依然として広範に存在している，と結論づけている。調査対象の

上場企業 2,690 社のうち，83.2% の 2,238 社で持ち合い関係のある株主を確認できた，とのことである。

　放出された株式の受け皿となったのが，外国人機関投資家，特に英米の機関投資家である[*12]。機関投資家とは，年金基金・生命保険・損害保険など，加入者からの資金を受託して運用している機関の総称である。特に米国の機関投資家はプルーデントマンルール[*13]によって行動規範が厳しく規定されており，受託資金を確実に運用するため，株主総会において議決権を行使することなどによって株主利益を上げるよう企業に積極的に働きかける。なぜ保有株式の売却ではなく議決権行使なのか。利益が見込めない株式を売却し，新たに有望な株式を購入すればよいと思われるが，それは簡単にはできないのである。なぜなら，機関投資家は大量に株式を保有しているため，もし株式を売却するとなると一度に大量の株式を売却することになり，自身の行動で株価の暴落を招き，多額の売却損が出る恐れがあるからである。あるいは大量の株式を引き受ける買い手が現れないかもしれない。さらに，市場平均に連動する形で運用するパッシブ運用の増大から，自らの判断のみで売却ができない場合も出てきている。そのため，多くの機関投資家は長期投資を基本としており，企業に対して議決権行使や対話（エンゲージメント）を実施することによって，株主利益を上げるよう働きかけるのである。

　このような主要株主の変化によって，日本企業の支配体制は，法人大株主支配から機関投資家支配へと移行していった。

5　近年の株式持ち合いの状況

　近年でも，株式持ち合いは存在している。新たに持ち合いを開始する企業もあり，機関投資家等からの批判が根強い中でも実施する理由として，戦略的提携の側面が指摘できる。戦略的提携とは，事業会社が経営の自立性を保ちつつ他の企業と協力関係を結び，お互いが発展することを目指すもの，と定義される[*14]。

　しかし，機関投資家からの圧力が強まる中，その縮減に向けた動きは加速し

ている。東京証券取引所は2015年に，実効的なコーポレートガバナンスの実現に資する主要な原則を取りまとめた「コーポレートガバナンス・コード」を制定しているが，その中で，企業による投資や経営権の取得という目的ではない保有株式である「政策保有株式」について言及している。2018年の改訂で，政策保有株式の縮減が基本となり，どうしても継続を希望するのであれば，その理由と効果を明示することを求めるように文章が変更されている[*15]。

コーポレートガバナンス・コード（再改訂版）原則1-4

【原則1-4．政策保有株式】上場会社が政策保有株式として上場株式を保有する場合には，政策保有株式の縮減に関する方針・考え方など，政策保有に関する方針を開示すべきである。また，毎年，取締役会で，個別の政策保有株式について，保有目的が適切か，保有に伴う便益やリスクが資本コストに見合っているか等を具体的に精査し，保有の適否を検証するとともに，そうした検証の内容について開示すべきである。

出所：東京証券取引所［2021］6頁。

また，東京証券取引所による2022年度の市場区分の再編にあたっては，プライム市場の上場基準に，流通株式の時価総額100億円以上，比率35％以上が求められている。企業によっては，流動性を高めるために，政策保有株式の売却を求めなければならない状況になっている[*16]。

このように，機関投資家からの批判に加え，コーポレートガバナンス・コードの制定・改定等も相まって，株式持ち合いはデメリットの側面が強調されるようになっている。法制度の改正がされない限りは完全になくなるまではいかないと考えられるものの，今後も削減の動きは加速していくものと推察される。

注

* 1 奥村［2008］67-69頁参照。
* 2 加護野ほか［2010］136頁。
* 3 坂本［1990］156頁。しかし，購入資金が当時の従業員にあったのかという点から見て，実際に従業員に株式がわたったかは疑わしいとされている（奥村［2005］40-45頁）。
* 4 坂本・佐久間［1996］30頁。資本の自由化が実施された背景は，1964年のOECDへの加盟である。OECDの規約に「効果的な経済協力のために必要な限度まで，相互に資本移動に関する制限を漸進的に撤廃する」という文面があり，日本は加盟によってその義務を負うことになった。
* 5 奥村［2005］96頁，坂本［1990］，169-170頁参照。

＊6　坂本［1990］171 頁。
＊7　菊池［2005］174 - 179 頁。
＊8　同上書，62 - 67 頁。
＊9　同上書，116 - 117 頁。
＊10　厳密にいうと，一時的に保有する投資有価証券の時価評価が 2001 年 3 月期決算から，「その他有価証券」欄に記載される持ち合い株式については 2001 年 9 月中間期から義務づけられ，その評価損が 2002 年 3 月決算に多くの企業の財務諸表に反映された。
＊11　株式保有の制限は，当初 2004 年 9 月期末までであったが，2003 年に同法が改正され，2006 年 9 月期末まで延長された。
＊12　また，政府系機関である銀行等保有株式取得機構も，多くの持ち合い株式を購入している。
＊13　米国で 1974 年に制定された従業員退職所得補償法（ERISA 法）において定められている行動規範。受託者（機関投資家）は資産運用にあたって，リスクを十分に考慮し慎重に行動することが義務づけられている。
＊14　尾関・小本［2006］295 頁。
＊15　東京証券取引所［2021］6 頁。ここでいう政策保有株式とは，A 社が B 社の株式を保有する（B 社は A 社の株式は保有していない），といった一方的な株式所得の場合も含まれるため，株式持ち合いと全く同じ意味ではない。
＊16　日本経済新聞［2021］。

参考文献

伊藤正晴［2011］「銀行を中心に，株式持ち合いの解消が進展—株式持ち合い構造の推計：2010 年度版—」『大和総研調査季報』2011 年新春号 Vol.1，大和総研調査本部。
奥村　宏［2005］『最新版 法人資本主義の構造』岩波現代文庫。
奥村　宏［2008］『会社はどこへ行く』NTT 出版。
尾関　純・小本恵照編著［2006］『M&A 戦略策定ガイドブック』中央経済社。
加護野忠男・砂川伸幸・吉村典久［2010］『コーポレート・ガバナンスの経営学—会社統治の新しいパラダイム』有斐閣。
菊池浩之［2005］『企業集団の形成と解体 社長会の研究』日本経済評論社。
坂本恒夫［1990］『企業集団財務論』泉文堂。
坂本恒夫［1993］『企業集団経営論』同文舘出版。
坂本恒夫［2000］『戦後経営財務史—成長財務の軌跡』T&S ビジネス研究所。
坂本恒夫編，現代財務管理論研究会著［2011］『テキスト財務管理論（第 4 版）』中央経済社。
坂本恒夫・佐久間信夫編，企業集団研究会著［1996］『企業集団研究の方法』文眞堂。
坂本恒夫・佐久間信夫編，企業集団研究会著［1998］『企業集団支配とコーポレート・ガバナンス』文眞堂。
東京証券取引所［2021］「コーポレートガバナンス・コード〜会社の持続的な成長と中長期的な企業価値の向上のために〜」。
鳥居陽介［2017］『株式所有構造の変遷と経営財務』中央経済社。
日本経済新聞［2021］「政策保有株　売却益 5 割増」2021 年 3 月 18 日付朝刊。

機関投資家支配

1 機関投資家とは何か
法人の投資家
―個人や法人などの不特定多数から資金を集め，株式等で資金を運
　用し，その結果として得られた利益を還元する機関
機関投資家の種類
―金融商品取引法第 2 条に規定する定義に関する内閣府令第 10 条
　→適格機関投資家
―スチュワードシップ・コードの受入れを表明した機関投資家
資金提供者としての機関投資家
―株主
資金運用者としての機関投資家
―運用益の追求

2 機関投資家支配
投資対象としての株式
機関投資家の株式保有状況
―大株主としての影響力
株主総会での議決権行使
大株主としての株主提案

3 機関投資家と ESG
責任投資原則
―投資家のための投資原則
ESG を考慮した投資

4 日本版スチュワードシップ・コードの導入
大株主としての対話と議決権行使

1 機関投資家とは何か

機関投資家は法人の投資家であり，事業活動として投資を行っている。投資のための資金を個人や法人から集め，投資を行い，得られた利益を還元する機関である。

金融商品取引法では，適格機関投資家に関する規定をしている。適格機関投資家とは，有価証券に対する投資に係る専門的知識および経験を有する者であり，プロの投資家として自ら情報収集し，投資判断を下すことができる者である[1]とされ，一般投資家とは区別される特定投資家として位置づけられている。この適格機関投資家は「金融商品取引法第二条に規定する定義に関する内閣府令第十条」で 30 種類ほどに分類し定義されている。

適格機関投資家は大きく 2 つに区分され，上記の内閣府令により届出が不要なものと届出により適格機関投資家となるものがある。届出不要な適格機関投資家は 1,370 社（2023 年 10 月 31 日時点），農協が 191 社（2023 年 10 月 2 日時点），届出による適格機関投資家は 1,500 社・名[2]（2024 年 3 月 1 日時点）となっている[3]。

届出不要な機関投資家には，金融商品取引業者，投資法人，銀行，保険会社，年金積立金管理運用独立行政法人，外国金融機関，外国政府関係機関などがある。

内閣府令とは別に，金融庁が「スチュワードシップ・コードの受入れを表明した機関投資家」を公表している。それによれば，2023 年 9 月 30 日時点で信託銀行等 6 行，投信・投資顧問会社等 206 社，生命保険・損害保険会社 24 社，年金基金等 82 基金等，その他（機関投資家向けサービス提供者等）11 社，合計 329 機関となっている。

こうした機関投資家は企業にとっては資金提供者すなわち株主である。機関投資家は個人や法人といった契約者から集めた小口の資金を大口化することで，多くの企業の株主となることも，また特定の会社の大株主となることも可能とする機関である。

機関投資家は契約者から集めた資金を株式等で運用し，そこで得られた利益

を還元している。したがって，運用益を上げることも追求しなければならない。機関投資家の運用は通常，長期で行われる。また代表的な運用スタイルとしてアクティブ運用，パッシブ運用がある。アクティブ運用は株式指標を上回る運用益を目指すものであるのに対し，パッシブ運用は株式指標と連動した運用益を目指すものである。

2 機関投資家による支配

　機関投資家の投資対象は，株式，債券，不動産など様々であるが，ここでは株式について見ることとする。機関投資家は，企業にとっての資金提供者であるとともに，株主であるというのは前述した通りである。日本企業は事業会社同士や金融機関との株式持ち合い関係が長く続いてきた。株式持ち合い関係が崩れた1990年代に入ると海外の機関投資家による株式所有比率が高まっていった。図表15-1を見ると，市場全体に占める金融機関，外国法人（海外の機関投資家）の株式所有が50%を超えていることがわかる。

　特に企業にとって大株主であれば，議決権を行使することにより企業に対して影響力を及ぼすことができる存在となる。議決権は株主平等の原則のもと，1単元に対し1個与えられる。日本においては，株式の売買単位は100株であるので，100株に対し1個の議決権が与えられるということである。したがって，所有する株式数が多くなれば，それに比例して議決権も多くなる。また，株主総会の議案は多数決で賛否が決まる。ある株主が過半数の議決権を所有していれば，すべての議案がその株主の意思のままになり，企業を支配することができる。しかし，現実に過半数の議決権を所有すると子会社となるため，過半数でなくても影響力を行使することができる。

　定款の変更，解散，清算や組織変更，合併，会社分割といった重要な議案は株主総会の特別決議で決議される。特別決議では出席した株主の3分の2の賛成が必要となり，多数決よりも要件が厳しくなる。これは言い換えれば，3分の1を超える議決権を所有していると特別決議を否決することができることを意味する。単独で3分の1の議決権を所有していなくても，複数の投資家が協

図表 15-1		投資部門別株式保有金額					
年度		2020		2021		2022	
		億円	%	億円	%	億円	%
(1) 政府・地方公共団体		8,825	0.1	11,112	0.2	11,574	0.2
(2) 金融機関小計 a+b+c+d+e		2,240,830	29.9	2,194,232	30.0	2,199,371	29.6
a 都銀・地銀等		204,365	2.7	181,788	2.5	172,822	2.3
b 信託銀行		1,683,045	22.5	1,670,162	22.9	1,682,615	22.6
(a+bのうち投資信託分)		726,818	9.7	724,791	9.9	716,329	9.6
(a+bのうち年金信託分)		75,023	1.0	69,763	1.0	62,829	0.8
c 生命保険会社		232,562	3.1	219,076	3.0	219,545	3.0
d 損害保険会社		68,031	0.9	67,823	0.9	64,964	0.9
e その他の金融機関		52,824	0.7	55,381	0.8	59,423	0.8
(3) 証券会社		188,344	2.5	199,024	2.7	219,374	2.9
(4) 事業法人等		1,530,524	20.4	1,462,915	20.0	1,456,703	19.6
(5) 国内法人小計(2)+(3)+(4)		3,959,698	52.9	3,856,171	52.8	3,875,448	52.1
(6) 外国法人等		2,263,000	30.2	2,223,452	30.4	2,242,232	30.1
(7) 個人・その他		1,255,428	16.8	1,212,022	16.6	1,312,553	17.6
合計(1)+(5)+(6)+(7)		7,486,953	100.0	7,302,760	100.0	7,441,808	100.0

出所：日本取引所グループ［2023］「2022年度株式分布状況調査＜資料編＞」より抜粋。

力することで企業にとって影響力を持つことができる。

　また，大株主であれば株主提案として株主総会に議案を提出することができる権利を有する。取締役会設置会社の場合，6か月以上の期間にわたり議決権の1%を保有しているまたは300個以上の議決権を有している株主が対象となる。この株主提案では，コーポレートガバナンスの強化，機関投資家が推薦する取締役選任，増配や自社株買いの株主還元に関するものなどが取り上げられている。

　2000年代に入り，日本マスタートラスト信託銀行や日本カストディ銀行等の信託口が多くの企業の大株主として，その存在感を高めている。こうした信託口の資金は，機関投資家から集められたものであり，具体的な資金の出し手を把握するのが難しくなっている。したがって，企業に大きな影響力を持つ株主を特定することができない場合があることも注意が必要である。

3 　機関投資家とESG

　2006年に国連により「責任投資原則（PRI：Principles of Responsibility Investment）」が公表された。その策定は，国連グローバル・コンパクトと国連環境計画金融イニシアティブを中心に行われた[*4]。

　責任投資原則に賛同する機関投資家は署名を行い，この原則の考えに基づいて投資を行うことになる。2023年12月末時点で署名機関は5,372機関，そのうち日本の投資家は126機関あり，全機関で運用されている資産は121.3兆米ドルとなっている。

　責任投資原則は6つの原則により構成され，機関投資家の投資行動規範と位置づけられている。この原則により環境（Environment），社会（Social），ガバナンス（Governance）を考慮して投資先企業を選別するESG投資という概念が提唱された。

　この原則に基づき，投資家が議決権行使や投資先企業との対話を通じて企業活動に関わっていくことが求められている。

　日本の機関投資家として2006年に署名を行った三菱UFJ信託銀行株式会社は2006年5月1日付のニュースリリースにおいて次のように発表している。

　「『責任投資原則』は，"環境上の問題・社会の問題・企業統治の問題"が

図表15-2　責任投資原則

原則１：私たちは，投資分析と意思決定のプロセスにESGの課題を組み込みます。
原則２：私たちは，活動的な所有者となり所有方針と所有習慣にESGの課題を組み入れます。
原則３：私たちは，投資対象の主体に対してESGの課題について適切な開示を求めます。
原則４：私たちは，資産運用業界において本原則が受け入れられ，実行に移されるように働きかけを行います。
原則５：私たちは，本原則を実行する際の効果を高めるために，協働します。
原則６：私たちは，本原則の実行に関する活動状況や進捗状況に関して報告します。

出所：PRIホームページ〈https://www.unpri.org/about-us/what-are-the-principles-for-responsible-investment〉（2024年3月15日）。

投資パフォーマンスに影響を及ぼすとの前提に立ち，世界の大手年金基金や運用機関等の機関投資家が投資判断の意思決定プロセスにおいて受託者責任の範囲内で，"環境上の問題・社会の問題・企業統治の問題"の視点を取り入れることを目的として策定されました。当社は，国内最大の受託運用機関として，投資活動を通じて社会や環境により良い影響を及ぼすことで持続可能な社会の実現に寄与することが，事業活動を通じた企業の社会的責任（CSR）と考え，「責任投資原則」に署名し，取り組み姿勢を国内外に表明いたします。」

4　日本版スチュワードシップ・コードの導入

2014年2月に「日本版スチュワードシップ・コード」が金融庁から公表され，2017年，2020年と定期的に改訂が行われている。スチュワードシップとは，機関投資家が投資先企業との対話を通じ，企業価値の向上ならびに持続的成長に関わることにより受託者責任を果たすというものである。機関投資家は，委託者である契約者から資金を預かり，投資を専門に行う受託者である。受託者である機関投資家は少しでも多くの投資収益を上げ，それを契約者に還元することが受託者責任となる。スチュワードシップ・コードとは，それを実現するために機関投資家がとるべき投資行動の原則のことと位置づけられる。

スチュワードシップ・コードは法律ではないため機関投資家が遵守しないことで罰則が与えられることはない。なお，金融庁は受け入れを表明している機関投資家を公表しており，2023年9月30日時点で329の機関投資家がリストにまとめられている。このスチュワードシップ・コードでは，企業に対し適切なガバナンスを行い，企業価値の向上を図ることが，また機関投資家に対し投資先企業との対話を通じた受託者責任を果たすことが期待されている。

スチュワードシップ・コードの受け入れを表明した投資家はその活動に取り組むだけではなく，取り組み状況について報告書等を用いて情報を公開している。そこでは，スチュワードシップ責任に対する取り組み，企業との対話や議決権行使に関する方針が示されている。

図表 15-3　日本版スチュワードシップ・コード

1. 機関投資家は，スチュワードシップ責任を果たすための明確な方針を策定し，これを公表すべきである。
2. 機関投資家は，スチュワードシップ責任を果たす上で管理すべき利益相反について，明確な方針を策定し，これを公表すべきである。
3. 機関投資家は，投資先企業の持続的成長に向けてスチュワードシップ責任を適切に果たすため，当該企業の状況を的確に把握すべきである。
4. 機関投資家は，投資先企業との建設的な「目的を持った対話」を通じて，投資先企業と認識の共有を図るとともに，問題の改善に努めるべきである。
5. 機関投資家は，議決権の行使と行使結果の公表について明確な方針を持つとともに，議決権行使の方針については，単に形式的な判断基準にとどまるのではなく，投資先企業の持続的成長に資するものとなるよう工夫すべきである。
6. 機関投資家は，議決権の行使も含め，スチュワードシップ責任をどのように果たしているのかについて，原則として，顧客・受益者に対して定期的に報告を行うべきである。
7. 機関投資家は，投資先企業の持続的成長に資するよう，投資先企業やその事業環境等に関する深い理解のほか運用戦略に応じたサステナビリティの考慮に基づき，当該企業との対話やスチュワードシップ活動に伴う判断を適切に行うための実力を備えるべきである。
8. 機関投資家向けサービス提供者は，機関投資家がスチュワードシップ責任を果たすに当たり，適切にサービスを提供し，インベストメント・チェーン全体の機能向上に資するものとなるよう努めるべきである。

出所：金融庁ホームページ〈https://www.fsa.go.jp/news/r1/singi/20200324.html〉（2024 年 3 月 15 日）。

　機関投資家はその契約者の利益のために投資を行う存在である。その一方で，企業の株主として大きな影響力を持つ存在でもある。したがって，責任投資原則に賛同する，あるいは日本版スチュワードシップ・コードを受け入れた機関投資家は運用益を追求するだけではなく，企業に ESG の課題に取り組ませると同時に，投資家自身も ESG の課題に取り組んでいくことが求められる。

注

* 1　黒沼［2016］72 頁。
* 2　内訳は，次の通りである。法人 1,029 社，特定目的会社 24 社，個人 175 名，信託会社 9 社，信用組合 66 社，ベンチャーキャピタル 38 社，外国金融機関等 87 社，金融商品取引法第 2 条に規定する定義に関する内閣府令第 10 条第 1

項第 23 号ロに該当する者として届出を行った者 68 社，金融商品取引法第 2
条に規定する定義に関する内閣府令第 10 条第 1 項第 24 号ロに該当する者と
して届出を行った者 5 名。

＊3　金融庁ホームページ〈https://www.fsa.go.jp/singi/stewardship/list/2017
1225.html〉（2023 年 3 月 15 日）。

＊4　水口［2013］62 頁。

参考文献

黒沼悦郎［2016］『金融商品取引法』有斐閣。
鳥居陽介［2022］『テキスト財務管理論（第 6 版）』中央経済社。
夫馬賢治［2020］『ESG 思考：激変資本主義 1990 - 2020，経営者も投資家もここま
　　で変わった』講談社。
水口　剛［2013］『責任ある投資 − 資金の流れで未来を変える』岩波書店。
水口　剛［2017］『ESG 投資 − 新しい資本主義のかたち』日本経済新聞出版社。

VI　コーポレート・ガバナンスと経営者報酬

コーポレート・ガバナンス 第16講

1 コーポレート・ガバナンスとは何か
- 企業不祥事を契機としたコーポレート・ガバナンスの議論
- コーポレート・ガバナンスとは，経営者の行動を監視するための仕組み→企業価値を向上させるための監視
- 会社機関による内部からの監視と株主による外部からの監視

2 コーポレートガバナンス原則
- OECD によるコーポレートガバナンス原則
  —6 章で構成される唯一の国際基準

3 日米英の会社機関
①株主総会の役割
- 会社の最高意思決定機関
  —取締役の選任・解任，定款の変更等
②取締役会の役割
  —会社の経営方針，会社の運営に関する決議
  —取締役の職務の監督ならびに代表取締役の選定
③会社機関の構造
- 米国，英国：一層型の会社機関
- 日本：一層型，二層型の会社機関から選択するハイブリッド型

4 ESG の中のコーポレート・ガバナンス
- 日本取締役協会による「企業表彰コーポレートガバナンス・オブ・ザ・イヤー」
- 経営の透明性確保
  —有価証券報告書等による情報開示
  —機関投資家との対話による情報開示
- ダイバーシティ（多様性）
  —取締役への女性や外国人の登用

1 コーポレート・ガバナンスとは何か

日本，米国，英国でコーポレート・ガバナンスが注目されるようになったのは，1990 年代のことである。それ以前よりコーポレート・ガバナンスは行われていたが，特に企業不祥事がきっかけとなりコーポレート・ガバナンスが整備されていった。英国では，1990 年代に企業年金に関連したマックスウェル事件が起こり，1992 年にキャドバリー報告書，1995 年にグリーンブリー報告書が公表された。1998 年にハンペル報告書がこれまでの報告書を統一する形でコーポレート・ガバナンス報告書を公表した。米国では 2000 年代に入り，エンロンやワールドコムといった企業の不正会計を機にサーベンス・オクスリー法（SOX 法）が制定された。日本では，米国のエンロン事件を受けて法整備が進められていき，2005 年に制定された「会社法」や，2006 年の「証券取引法」が「金融商品取引法」へと変わり，内部統制の整備が行われた。

EU を中心に日本や米国が加盟する国際機関である OECD（経済協力開発機構）は，2023 年 6 月にコーポレートガバナンス原則を改訂した[*1]。『G20／OECD コーポレートガバナンス原則』では，「コーポレートガバナンスは，会社経営陣，取締役会，株主，ステークホルダー間の一連の関係にかかわるものである。コーポレートガバナンスは，会社を方向づけ，目標を設定し，その目標を達成し業績を監視するための手段を決定する仕組みとシステムを提供するもの」と定義している[*2]。

コーポレート・ガバナンスは，経営者の行動を監視するための仕組みのことであるとともに，企業価値を向上させるために監視するものといえる。経営者を監視する方法には，大別すると取締役会などの会社機関による企業内部からの監視と株主による企業外部からの監視がある。

企業の不祥事や業績の低迷は，株主にとっては不利益となる。例えば，事業活動に利用され利益を上げる可能性がある資金が不正に流出したとすると，株主は株価の上昇や配当を受け取る機会を逸してしまう。また，業績が低迷すれば，株価や配当に影響し，株主の不利益となってしまう。その他に，企業が倒産してしまえば，株主だけではなく従業員，消費者などのステークホルダーに

影響を与えることになる。

　OECD のコーポレートガバナンス原則においても，コーポレート・ガバナンスを適切に設計することにより，3 つの点で重要な役割を果たすとされている[3]。1 つ目に資金調達の助けとなる。コーポレートガバナンス原則に取り組むことで，国内外の資金提供者の信頼を得ることができる。2 つ目に投資家を保護する枠組みを提供する。企業の透明性や説明責任を促進する仕組みは，個人投資家や機関投資家の意思決定に関わるものである。3 つ目に企業の持続可能性（サステナビリティ）と強靭性（レジリエンス）を支える。企業が社会的な課題に取り組むことにより，株主やステークホルダーの利益だけではなく，企業自身の利益となる。

　日本企業が不祥事等の問題を起こしたときに，コーポレート・ガバナンスの欠如が指摘されることがある。コーポレート・ガバナンスを強化することのみで企業不祥事を防ぐことは難しいが，経営者を監視することや経営の透明性を高めることは必要と考える。

2　コーポレートガバナンス原則

　『G20／OECD コーポレートガバナンス原則』はコーポレート・ガバナンスの唯一の国際基準として位置づけられ，6 章で構成されている。各章の本原則は次の通りである。

Ⅰ）有効なコーポレートガバナンスの枠組みの基礎の確保

　「コーポレートガバナンスの枠組みは，透明で公正な市場及び資源の効率的な配分を促進するべきである。また，法の支配と整合的で，実効的な監督と執行を支えるものであるべきである[4]」

　コーポレート・ガバナンスの枠組みは国や地域によって法律や規制が異なるため，必ずしも同じとなるわけではない。そして，枠組みが設計されればよいというわけではない。

Ⅱ) 株主の権利と公平な取扱い及び主要な持分機能

「コーポレートガバナンスの枠組みは，株主の権利を保護するとともにその行使を促進し，少数株主，外国株主を含む，全ての株主の公平な取扱いを確保するべきである。全ての株主は，合理的な費用で過度の遅れなしに，その権利の侵害に対して，有効な救済を得る機会を有するべきである[*5]」

株主の権利に議決権がある。議決権の行使により経営に参加することができるため，特定の株主を優遇したり，不利になるような取り扱いをすべきではないとしている。

Ⅲ) 機関投資家，株式市場その他の仲介者

「コーポレートガバナンスの枠組みは，投資の連鎖全体を通じて健全なインセンティブをもたらし，健全なコーポレートガバナンスに貢献するような形で株式市場が機能することを支援するものであるべきである[*6]」

機関投資家の株式保有比率は高くなっており，機関投資家の影響力が高まっている。しかし，個人等から集めた資金を運用する機関投資家，機関投資家の資金を運用する資産運用者等の企業と株主の間に様々な仲介者が存在している。多様な投資者が存在する中で，特に機関投資家に対してコーポレートガバナンスの方針を開示することを求めるものである。

Ⅳ) 開示及び透明性

「コーポレートガバナンスの枠組みにより，会社の財務状況，経営成績，持続可能性，株主構成，ガバナンスを含めた，会社に関する全ての重要事項について，適時かつ正確な開示がなされることが確保されるべきである[*7]」

投資家にとって企業情報は重要であるため必要に応じて開示されることが望ましい。その開示については，すべての株主を公平に取り扱うため同時に提供されることが求められる。ただし，情報開示が企業の負担とならないようにしなければならない。情報開示によって透明性が促進されるとしている。

Ⅴ) 取締役会の責任

「コーポレートガバナンスの枠組みにより，会社の戦略的方向付け，取締役

会による経営陣の有効な監視，取締役会の会社及び株主に対する説明責任が確保されるべきである[8]」

　株主は自ら経営に携わるのではなく，資金を経営者に委託している。取締役会は株主から委託された資金を経営者が適切に活用しているのかを監視する。また，取締役会は会社や株主に対して説明責任を負い，その利益のために行動する義務を負うことが求められている。

Ⅵ）持続可能性及び強靭性

　「コーポレートガバナンスの枠組みは，会社の持続可能性と強靭性に貢献する形で会社とその投資家が意思決定を行い，リスクを管理するためのインセンティブを提供するべきである[9]」

　投資家が意思決定を行うにあたり，会社が気候変動やサステナビリティについてどのように取り組んでいるのかを考慮するようになってきている。会社が適切な情報開示を行うことにより，会社の長期的な成長と強靭性を支え，公正な市場と資本の効率的な配分を促進するとしている。

　この原則を参考とし，各国が法律や規制，コーポレートガバナンス・コードを策定することによりコーポレート・ガバナンスに取り組んでいる。

　日本と英国は，コーポレートガバナンス・コードを策定しているのに対し，米国は法律により規定している。各国とも取り組み状況については，毎年報告書により公表している。なお，コーポレートガバナンス・コードは法律ではないため企業がそれに従わない場合の罰則はないが，「コンプライ・オア・エクスプレイン」に基づいて情報開示を行っている。「コンプライ・オア・エクスプレイン」とは，コーポレートガバナンス・コードを「遵守するか」遵守しないのであればその理由を「説明する」ことが求められているものである。

3 日米英の会社機関

① 株主総会の役割

株主総会は，株式会社における最高意思決定機関である。それは，原則として年1回開催され，会社の重要な事項について株主が議決権行使により賛否を表明できる場である。株主総会の議案として多いのは，取締役の選任・解任，会社の利益分配，定款の変更といった事項である。

コーポレートガバナンス原則ではすべての株主が公平に取り扱われることが求められており，すべての株主に対して株主総会の開催が通知され，議決権の行使を認めており，その決議結果の公表が義務づけられている。

株主総会に議題を提案する権利である株主提案については，日本は議決権の1%以上または300個以上の議決権を6か月間保有しているという要件がある。英国および米国では，一定の比率以上または一定の金額以上の株式を保有することで，株主提案権が与えられる。

② 取締役会の役割

取締役会は，株主総会で選任された取締役で構成され，会社の経営方針や会社の運営について決議するとともに，取締役の職務の監督ならびに代表取締役の選定を行う機関である。取締役は業務執行取締役と非業務執行取締役に分けられ，会社法では前者は会社の業務を担当する取締役，後者は会計参与，監査役または会計監査人を意味する。

英国や米国では，業務を担当する取締役とその取締役を監督する取締役が同じ一層型の取締役会システムを採用している。二層型の取締役会は，監督機能と経営機能を分離させたシステムであり，日本は一層型，二層型どちらも選択できるハイブリッド型に位置づけられる。

英国の取締役会の人数は，最小で2名，最大人数は定められていない。取締役の任期は1年である。

米国の取締役会の人数は，最小で3名であり，これは上場規則により義務づ

けられている。最大人数は定められておらず，取締役の任期は 3 年である。

　日本の取締役会の人数は，3 種類の会社機関ともに最小で 3 名であり，最大人数は定められていない。取締役の任期は指名委員会等設置会社，監査委員会等設置会社は 1 年であり，監査役設置会社は 2 年である。

③　会社機関の構造

　米国の機関設計は州法により規定され，デラウェア州法に基づいて設計される会社が多い。また，上場会社は SOX 法によっても規制される。監督する立場の取締役会議長と業務担当の最高責任者である CEO が同一人物であることが多い。指名委員会，報酬委員会はドッド＝フランク法，監査委員会は SOX 法により設置が義務づけられており，その構成員は独立取締役である（図表 16 - 1）。

　英国の機関設計は 2006 年会社法の規定ではなく，定款に基づいて設計される。英国のコーポレートガバナンス・コードでは取締役会議長と最高経営責任者の役割は，同一人物が果たすべきでないことが求められている。報酬委員会，監査委員会は 3 人以上の独立した非業務執行取締役で構成され，指名委員会は

図表 16 - 1 ▶ 米国の会社機関

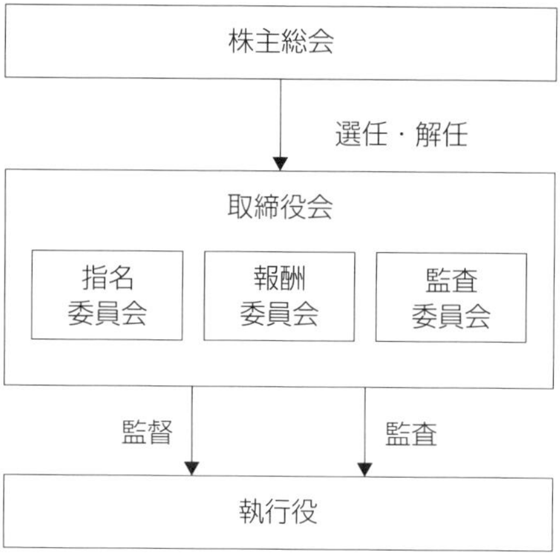

出所：ボストン・コンサルティング・グループ［2022］。

図表 16-2　**英国の会社機関**

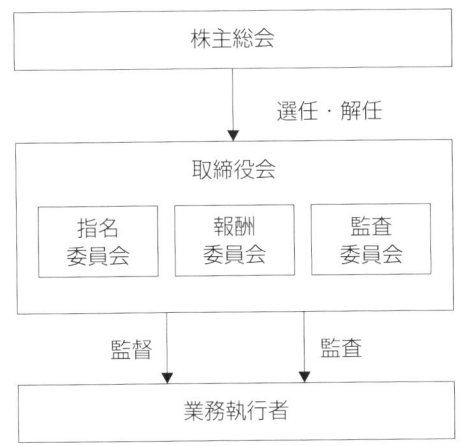

出所：ボストン・コンサルティング・グループ［2022］。

図表 16-3　**日本の会社機関：監査役会設置会社**

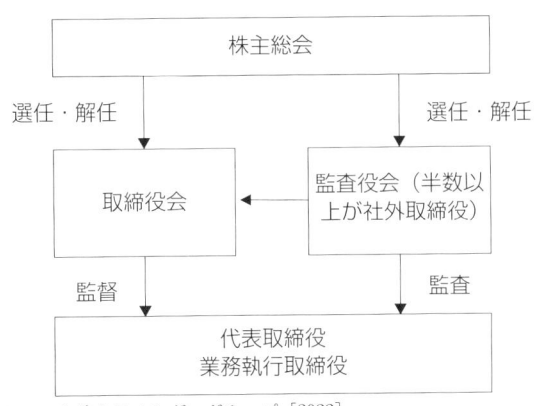

出所：ボストン・コンサルティング・グループ［2022］。

過半数が独立した非業務執行取締役で構成される（図表 16-2）。

　日本の機関設計は，会社法に基づき行われるが，複数の選択肢の中から一定の条件のもとに会社が選択することができる。監査役会設置会社は日本独自の

図表 16 - 4　　日本の会社機関：監査等委員会設置会社

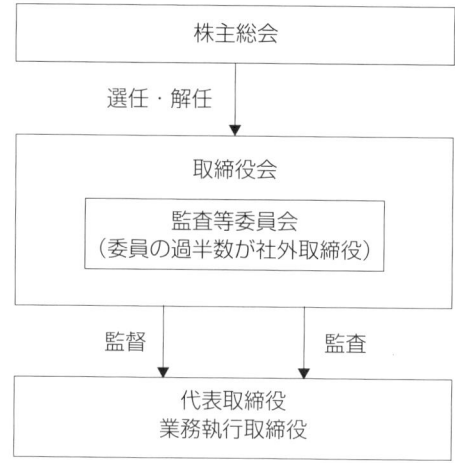

出所：ボストン・コンサルティング・グループ［2022］。

図表 16 - 5　　日本の会社機関：指名委員会等設置会社

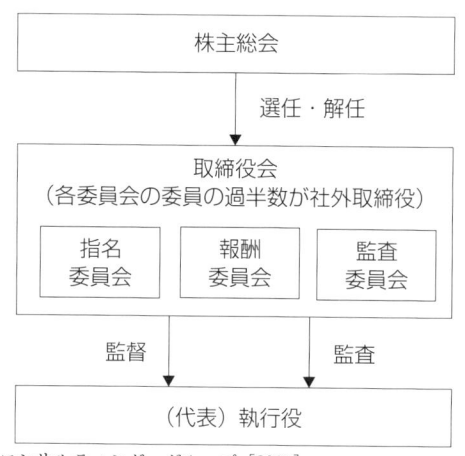

出所：ボストン・コンサルティング・グループ［2022］。

制度であり，業務執行を担う取締役会と監督機能を担う監査役会が分離しており，監査役会の構成員は半数以上が社外取締役であることが求められている（図

表 16 - 3)。監査等委員会設置会社，指名委員会等設置会社は委員の過半数が社外取締役であることが求められている（図表 16 - 4，図表 16 - 5）。取締役会議長は代表権のある社長が担っている場合が多く，社外取締役が議長となることが求められていることが指摘されている*10。

4 ESGの中のコーポレート・ガバナンス

ESG 投資は，国連の責任投資原則（PRI）において提唱され，投資家が企業を選別する際に考慮する概念である。これからの会社は，環境，社会，ガバナンスに取り組むことが求められている。

コーポレート・ガバナンスに取り組むとは，企業価値向上を目指してコーポレート・ガバナンス改革を行っていくことである。そのためには，業績の向上，経営の透明性，女性取締役の登用等に取り組んでいくことである。

コーポレート・ガバナンスへの取り組み，業績指標を評価した活動として日本取締役協会が 2015 年より行っている「企業表彰コーポレートガバナンス・オブ・ザ・イヤー」がある。2023 年度は荏原製作所が大賞企業に選ばれている。その授賞理由に，監督機能を改善，社外取締役の導入，指名委員会等設置会社への移行，ROIC 経営の導入といった点が挙げられている。

経営の透明性を確保するためには，有価証券報告書，統合報告書を主として，会社によって名称は様々であるが，コーポレート・ガバナンス報告書，ESG 報告書，サステナビリティ報告書等の報告書を活用し，積極的な情報開示を行うことが必要である。さらに，機関投資家をはじめとした投資家との対話による情報開示も重要である。

また，会社機関の改革だけではなく，ダイバーシティとして取締役に女性や外国人を積極的に登用することも求められている。2023 年の株主総会では機関投資家が取締役の再任案に反対票を投じたことが話題となった。それは，取締役が男性のみで構成された会社に対して女性の登用といった多様性に取り組んでいないことを理由としたものであった。

ESG を考慮した経営では，会社はコーポレート・ガバナンスの改革に取り

組み，さらに環境問題や社会問題に取り組むことになる。そのためには会社自身の不断の改善や株主特に機関投資家との対話を通じた監視を行っていく必要がある。

注

* 1　コーポレート・ガバナンス原則は，2015 年に採択され，2023 年 6 月に改訂され，同年 9 月に G20 において承認されている。同原則は，この分野の唯一の国際基準と位置づけられている。
* 2　OECD［2024］8 頁。
* 3　OECD［2024］8 - 9 頁。
* 4　OECD［2024］11 頁。
* 5　OECD［2024］16 頁。
* 6　OECD［2024］24 頁。
* 7　OECD［2024］29 頁。
* 8　OECD［2024］36 頁。
* 9　OECD［2024］46 頁。
* 10　東京証券取引所［2023］24 頁。

参考文献

OECD［2024］『G20 ／ OECD コーポレートガバナンス原則』〈https://www.oecd.org/corporate/g20-oecd-2023-f66b3a85-ja.html〉（2024 年 5 月 8 日）。
風間信隆編著［2019］『よくわかるコーポレート・ガバナンス』ミネルヴァ書房。
神田眞人監修・編著者［2022］『世界のコーポレートガバナンス便覧』財経詳報社。
黒沼悦郎［2016］『金融商品取引法』有斐閣。
坂本恒夫・大坂良宏・鳥居陽介編著［2015］『テキスト現代企業論（第 4 版）』同文舘出版。
手塚貞治編著［2017］『コーポレートガバナンスの基本』日本実業出版社。
東京証券取引所［2023］『東証上場会社コーポレート・ガバナンス白書 2023』㈱東京証券取引所上場部。
鳥居陽介［2022］『テキスト財務管理論（第 6 版）』中央経済社。
日本コーポレート・ガバナンス・フォーラム編［2001］『コーポレート・ガバナンス─英国の企業改革─』商事法務研究会。
ボストン・コンサルティング・グループ合同会社［2022］「令和 3 年度産業経済研究委託調査事業『コーポレートガバナンス改革に係る内外実態調査』最終報告資料」経済産業省〈https://www.meti.go.jp/meti_lib/report/2021FY/000407.pdf〉（2023 年 8 月 27 日）。

経営者報酬

1　経営者報酬の重要性
経営者報酬は株主とは異なる利害を持つ経営者を株主の利益に沿って行動させるための重要なコーポレート・ガバナンスのメカニズムの１つである。

2　経営者報酬とエージェンシー問題
経営者報酬は株主と経営者との利害を一致させることによりエージェンシー・コストを下げることが可能になる。

3　経営者報酬の設計
- 経営者報酬のスキームは，固定報酬，短期インセンティブ（年次賞与），長期インセンティブの３つに区分される。
- 特に，長期インセンティブは会計利益に基づく報酬と株価に基づく報酬とに分かれ，後者はエージェンシー問題を解決する上でも重要な要素である。

4　経営者報酬に関する情報開示と決定機関
- 経営者報酬に関する情報開示において，インセンティブと企業価値向上の関係性を明示することは非常に重要である。
- 経営者報酬を決定する機関の高度化も重要な問題となっている。

5　経営者報酬と ESG
- 経営者報酬の設計の KPI（重要業績評価指標）として ESG 評価の概念も組み込まれるようになってきている。
- 経営陣を対象に付与されてきた株式報酬を一般従業員向けへ導入することが，米英など海外では一般的になっている。日本においてもその導入が進みつつある。

1 経営者報酬の重要性

　近年，経営者報酬は，経済学，経営学，法学等のあらゆる領域から研究されており，米国においては1980年代以降の急激な経営者報酬の変化が契機となって，多くの研究成果が蓄積されるようになった。

　実務の世界でも，経営者報酬は2000年代に発生したエンロン・ワールドコム事件ならびにサブプライムローン問題に端を発した世界金融危機の発生要因の1つとして考えられており，世界的な関心を集めるようになった。そのため，欧米においては経営者報酬に関する数多くの規制強化が実施されて，現在でもなお議論が重ねられており，日本においても重要な問題となってきている。

　経営者報酬はコーポレート・ガバナンスの枠組みの中で議論されることが多い。コーポレート・ガバナンスを検討する際に，運転者である経営者の暴走を防ぐためのブレーキとモチベーションを高めるためのアクセルの役割が議論の俎上に載せられる。前者については企業の機関設計の問題が主として議論の対象になり，後者では経営者報酬制度の問題に焦点が当てられ，企業価値創造のための重要な要素となる。つまり，経営者へ適切なインセンティブ報酬を付与することによって，アクセルとしての機能を発揮させることが重要となっている。若杉［2011］は，この点との関連で経営者から良質な行動を引き出すためには，目標達成度に応じた成果報酬等を活用して経営者の利害と株主の利害とを一致させることにより，経営者が株主価値創造に向けて快く邁進できるような環境作りが必要であると述べている[*1]。

　経営環境の変化が速く複雑化している現在の状況に対応するためには，経営者は意思決定のスピードを速めて，柔軟に経営戦略を遂行しなければならない。つまり経営者の行動が企業価値に多大な影響を及ぼすようになってきている。このことは，経営者報酬は株主とは異なる利害を持つ経営者を株主の利益に沿って行動させるための重要なコーポレート・ガバナンスのメカニズムの1つであることを示している。つまり，経営者の行動を最適化するための重要な装置として考えられる経営者報酬の必要性がこれまで以上にないほどに高まっていることを意味する。

　そして，日本の経済産業省はインセンティブ報酬の意義について，以下の2点を挙げている[2]。

①株式報酬や業績連動報酬の導入が促進されることで，経営者に中長期的な企業価値向上のインセンティブを与え，我が国企業の「稼ぐ力」向上につなげる。

②特に，株式報酬については，経営陣に株主目線での経営を促したり，中長期の業績向上インセンティブを与えるといった利点があり，その導入拡大は海外を含めた機関投資家の要望に応えるもの。

　このように，わが国においても企業価値向上のための経営者報酬への重要性は高まってきており，その高度化が求められるようになっている。

2　経営者報酬とエージェンシー問題

　経営者報酬の重要性については，株主と経営者の利害が異なることから発生するエージェンシー問題の観点からも論じられることが多い。エージェンシー問題を分析した代表的な研究としては，Jensen and Meckling［1976］が挙げられる。株主は企業の経営資源の利用についての意思決定を経営者に委託している。情報の非対称性が存在する場合には，株主が経営者の行動を完全に把握することはできない。そのため，株主は株主利益を最大化するような経営を望むが，他方，経営者は自己の効用を最大化するような経営を実施する可能性がある。したがって，株主をプリンシパルとし，経営者をエージェントとするような関係においては，株主と経営者との利害が一致せず，また環境の不確実性の存在によって，単にその成果だけでは経営者の行動が評価できないために，もし株主が自らの利害に沿った行動を経営者がとることを希望するとすれば，株主は経営者の行動を何らかの方法で監視するようなシステム（モニタリング・システム）や，経営者が株主の利害に沿って行動するように動機づけるシステム（インセンティブ・システム）を構築するという対策を立てねばならない[3]。そこで後者のような問題を解決する手段として，経営者報酬と企業業績を連動させることにより株主と経営者との利害を一致させることが考えられる。つま

り業績連動型のインセンティブ報酬の導入により，経営者は株主利益に沿った経営を実施することになり，株主に対して多くの効用をもたらすかもしれない。このような経営者報酬に関する研究は欧米において活発に行われており，数多くの研究成果が蓄積されるようになっている[*4]。

　以上のように経営者報酬は株主と経営者との利害を一致させることによりエージェンシー・コストを下げる点ならびに経営者へ適正なインセンティブを付与することによりモチベーションを高めて企業価値の向上に寄与することが期待されている。さらに，最適な経営者報酬体系の設計は経営者の過度なリスクテイク行動を抑制かつ不当な業務執行を抑止しながら，経営成果の経営者への過剰な分配を防止し，企業価値向上へ資するものになるはずであろう。

　しかしながら，上記の期待とは裏腹に経営者報酬はときに企業価値の毀損の大きな要因となりうることもある。上述したように，過度な経営者報酬が引き金となったと考えられるエンロン・ワールドコム事件ならびにサブプライムローンに端を発した世界金融危機等の経済事件が 2000 年代に発生しており，企業価値の大幅な低下だけではなく，企業が破綻することもあった。その後，世界中で経営者報酬に関する情報開示と株主権限の強化を柱とする規制改革が度々実施されている。

3　経営者報酬の設計

　経営者報酬は，①固定報酬（基本報酬），②短期インセンティブ（年次賞与），③長期インセンティブの 3 つに区分される。

①　固定報酬

　固定報酬は，企業業績の如何に関わらず支給される一定額の報酬のことである。

②　短期インセンティブ（年次賞与）

　短期インセンティブ（年次賞与）は，1 年間の会計年度の業績に連動して支

給額が決定する報酬を指し，いわゆる現金ボーナスで，年次インセンティブと呼ばれることもある[*5]。

③ 長期インセンティブ

長期インセンティブは会計利益に基づく報酬と株価に基づく報酬とに分かれ，特に後者はエージェンシー問題を解決する上でも重要な要素であり，代表的なインセンティブとしては，ストック・オプション，譲渡制限付株式（RS：Restricted Share），パフォーマンス・シェア（PS：Performance Share），株式交付信託などが挙げられる。ストック・オプションとは，自社株をあらかじめ定められた価格（権利行使価格）で購入することができる権利のことである。RSは株式そのものを報酬として付与し，譲渡制限期間（例えば3年程度など）を設けた株式を支給する仕組みであり，PSは業績目標の達成度に応じて株式を付与する制度である[*6]。株式交付信託は信託口（信託銀行）を利用して株式を支給するスキームである。

1990年代まで株価に基づく報酬の中心となっていたのがストック・オプションであった。しかしながら，過度なストック・オプション付与への批判が高まったために，ストック・オプションの導入が低下した[*7]。このことからストック・オプションに加えてこれ以外の株式報酬との組み合わせである複合型株式報酬を導入する企業が急増している。これにより，経営者への過度の支払いの問題が解消されて，株主は経営者のインセンティブを引き出すことが可能になる。そのため企業価値も高まり，社会的厚生も最適になると考えられる[*8]。

4　経営者報酬に関する情報開示とその決定機関

経営者報酬に関する情報開示において，企業価値向上との関係性を開示することは非常に重要である。目標となるリターンを獲得するためのリスクの程度を推測し，経営者の過度なリスク選好を抑止するような仕組みを担保することも必要である。規制強化，中でもSAY ON PAY[*9]の導入の高まりと相俟って，欧米上場企業の経営者報酬に関する情報開示が積極的に推進されており，今後

この流れは続くことが予想される。これは株主のみならず他のステークホルダーからの理解を求めるという点でも重要である。

　また経営者報酬を決定する機関である報酬委員会の高度化も重要な問題となっている。報酬委員会は取締役および執行役の報酬内容決定の方針およびそれに基づく個人別の報酬の内容を決定する権限などを有する機関であり，主に独立取締役・社外取締役から構成されている。報酬委員会においては，自社の経営戦略と整合性のとれた KPI の採用を決定し，企業価値向上のための報酬設計を行うだけではなく，リスク管理対応の制度設計も求められる。

5　経営者報酬とESG

　近年，ESG の重要度がきわめて高まっており，ESG 評価機関では，①取締役報酬の開示状況，②取締役，経営陣の業績連動指標（財務基準，環境基準，社会基準），③取締役会の効果を高める工夫（株式の保有率，出席率，他の職務数，成果の評価），などを評価項目としている。つまり ESG 投資の観点からも，経営者報酬制度が評価されるようになっており，報酬デザインに ESG 評価の概念も組み込まれるようになってきている。つまり，ESG は経営者報酬決定の KPI の重要な要素になっている。これは，経営者の暴走を防ぐリスクマネジメントの役割も果たすと考えられる。

　また，わが国企業の経営者報酬が上昇している中で，従業員の給与が高まっていないことは大きな問題であると考えられる。従業員の給与が同じような幅で増加していない状態で，経営者報酬だけが高まっていることは，企業の社会性という観点から受け入れられることはできない。わが国企業も，日本的な企業文化を尊重し，社会との共生を実現するための共通価値経営を志向するのならば，KPI に従業員の待遇を考慮した要素を含めるべきである。

　これと関連して，経営陣を対象に付与されてきた株式報酬を一般従業員向けへ導入することが，米英など海外では一般的になっている。わが国でも人的資本経営に対する意識の高まりと相俟って，人材確保や従業員のモチベーション向上などに着目する企業が導入に動いている。これは，経営者と従業員との間

の報酬格差を縮小するだけではなく，人材確保や従業員の意識向上などにもつながり，政策保有株解消の受け皿として有用な面もあると考えられる。さらに，それは株主と経営者だけではなく，株主と対象従業員との利害共有を促進し，企業価値向上へ寄与することが期待される。

注

* ＊1　若杉［2011］。
* ＊2　経済産業省産業組織課［2023］9頁。
* ＊3　小山［2011］。
* ＊4　経営者報酬に関するサーベイについては，坂和・渡辺［2010］，中村［2013］を参照せよ。
* ＊5　阿部［2014］25頁。
* ＊6　詳しくは，阿部［2014］26頁を参照せよ。
* ＊7　ストック・オプションの費用化も，ストック・オプションの導入が低下した要因として挙げられる。
* ＊8　詳しくは境・任［2007］を参照せよ。
* ＊9　経営者報酬について，株主が意見表明をするという制度である。SAY ON PAY は経営者報酬に関する議案が株主総会に上程されて，それに対して株主の投票の対象とするものである。これは英国において 2002 年に初めて導入された。米国でも 2011 年より SAY ON PAY が始まっている。しかしながら，大半の国々の SAY ON PAY は，法的拘束力のない，非拘束的決議であったため，その効果について多くの懐疑的な意見があった。そこで，英国ならびにスイスでは SAY ON PAY の拘束的決議が導入された。

参考文献

阿部直彦［2014］「コーポレート・ガバナンスの視点からみた経営者報酬のあり方」『旬刊商事法務』No.2048，24-34頁。

乙政正太［2010］「経営者報酬と利益の構成要素の実証的関係」『証券アナリストジャーナル』Vol.48，No.6，24-33頁。

経済産業省産業組織課［2023］「『攻めの経営』を促す役員報酬～企業の持続的成長のためのインセンティブプラン導入の手引～（2023年3月時点版）」経済産業省。

小山明宏［2011］『経営財務論』創成社。

境　睦・任　雲［2007］「経営者株式報酬制度のメリットと問題点：今後の日本企業における経営者報酬制度の最適化に向けて」『経営政策論集』Vol.6，No.2，1-22頁。

坂本恒夫・佐久間信夫編，企業集団研究会著［1998］『企業集団支配とコーポレート・ガバナンス』文眞堂。

坂和秀晃・渡辺直樹［2009］「経営者報酬と取締役会の経営監視機能についての検証」『金融経済研究』第29号，66-82頁。

坂和秀晃・渡辺直樹［2010］「経営者報酬と企業パフォーマンスに関するサーベイ」

『証券アナリストジャーナル』Vol.48，No.6，66‐82頁。

清水克俊・堀内昭義［2003］『インセンティブの経済学』有斐閣。

東京証券取引所［2012］「上場会社コーポレート・ガバナンス原則（2009年12月22日改定版）」。

中村友哉［2013］「経営者報酬の高額化に関する研究動向」『FSAリサーチレビュー』（金融庁金融研究センター）第7号，1‐25頁。

日本取締役協会［2014］「上場企業のコーポレート・ガバナンス調査」日本取締役協会〈http://www.jacd.jp/news/odid/cgreport.pdf〉（2015年1月29日）。

若杉敬明［2011］『新版入門ファイナンス』中央経済社。

Jensen, M. and W. Meckling［1976］"Theory of the firm : managerial behavior, agency costs and ownership structure," *Journal of Financial Economics*, Vol.3, No.4, pp.305‐360.

Jensen, M. and K. Murphy［1990］"Performance pay and top‐management incentives," *Journal of Political Economy*, Vol.98, No.2, pp.225‐264.

Ⅶ　中小企業とベンチャービジネス

中小企業の事業承継

1 中小企業とは
- 中小企業とは相対的に規模の小さい企業，大企業ではない企業
  ⇒曖昧な表現に留まる
- 日本では中小企業基本法によって政策対象として中小企業を定義
  ⇒国際的な統一基準ではない

2 中小企業の経営課題
- 中小企業が抱える経営課題
  1位　人材　2位　営業・販路　3位　生産・製造

3 中小企業の事業承継
- 事業承継とは経営者が経営権および有形無形の財産を後継者に引き継ぐこと
- 企業内承継と企業外承継

4 企業のビジネスモデルの見直し
- 事業にはライフサイクルがあり，延命するか，あらたな事業を展開するか
  →「リモデリング」，「両利きの経営」の概念

5 中小企業の現状とリモデリングの必要性
- 産業構造の変化，経営環境の変化，市場，消費者ニーズの変化
  →中小企業は新製品・新商品開発，新分野・新事業進出，新販売方法導入，
  　新生産システムの開発などの新たなビジネスモデルが必要

6 中小企業のリモデリングの成功条件
- 蓄積された経営資源の質や新たなビジネスモデルの有効性が重要

1 　中小企業とは何か

　中小企業とは何か。一般的には企業のうち相対的に規模の小さい企業が中小企業と呼ばれ，所有と経営が未分離であるといった特徴を有する企業群のことである。また，「大企業ではない企業」というように表現されることもある。例えば，自動車の特定の部品を製造している町工場や街中にある商店などが中小企業のイメージと合致する。いずれにせよ，中小企業とは何かといった場合，明確な答えがなく曖昧な表現に留まっている。

　一方で，政策的に中小企業を定義しているものを利用して，中小企業を把握することができる。日本では，中小企業基本法第2条において中小企業の範囲が定義されている（図表18-1）[*1]。そもそも中小企業基本法が制定された1960年代は，戦後復興の過程において傾斜生産方式が導入され，重厚長大の企業，特に大規模な生産設備を保有する企業の成長が著しかった。こういった経済状況を背景として，大規模な企業群と小規模な企業群との間に生産性や労働者の賃金などにおいて格差が生じることとなった。これを二重構造という。この格差是正を促進するために，中小企業基本法は制定された。

　中小企業基本法において中小企業とは，資本金3億円以下または常時雇用する従業者数300人以下の会社および個人企業を指す[*2]。ただし，卸売業の場合は，資本金1億円以下または従業者数100人以下，小売業の場合は，資本金が

図表18-1 　中小企業基本法の定義

業種	資本金の額または出資の総額	常時使用する従業員の数
製造業，建設業，運輸業，その他の業種（卸売業，サービス業，小売業を除く）	3億円以下	300人以下
卸売業	1億円以下	100人以下
サービス業	5,000万円以下	100人以下
小売業	5,000万円以下	50人以下

出所：中小企業基本法第2条をもとに筆者作成。

図表 18-2　　　中小企業の割合

企業の区分	企業数	構成比
中小企業	3,578,176	99.7%
大企業	11,157	0.3%
合計	3,589,333	100.0%

出所：中小企業庁編［2023］『中小企業白書　小規模企業白書
2023 年版』付属統計資料Ⅲ-12 頁をもとに筆者作成。

5,000 万円以下または従業者数 50 人以下，サービス業の場合は，資本金 5,000
万円以下または従業者数 100 人以下のものとしている。日本の中小企業の定義
は，資本金基準と従業員数基準の 2 つの基準によって分類されており，このう
ちどちらか一方の基準を満たした企業が中小企業として扱われる。このように，
資本金の額や従業員の人数といった数値を基準にしたものを量的基準という。
例えば，製造業を営む企業で資本金が 10 億円でも，従業員数が 250 人であれば，
従業員基準を満たしているため中小企業として扱われる[* 3]。その結果，日本の
企業のうち中小企業の割合は 99.7% を占める（図表 18-2）。

　日本以外の国では量的基準の他に質的基準を採用し，量的基準および質的基
準を併用して中小企業を定義しているところもある。しかし，世界的に統一さ
れた中小企業の定義は存在していない。また，各国が定義を設定していても，
それはあくまでも各国の政策の対象として中小企業の範囲を規定しているに過
ぎない。中小企業とは何かといった場合，所有と経営が未分離，相対的に規模
の小さい企業，経営資源が少ない企業，大企業ではない企業といった表現に留
まっているのが現状である。

2　中小企業の経営課題

　中小企業が抱える経営課題のうち最も多いのは人材に関連する課題である
（図表 18-3）。小規模企業よりも中規模企業の方が人材を経営課題として挙げ
ている点が特徴である。従業員の確保や育成だけではなく，事業を継承させる

図表 18-3 中小企業の経営課題

経営課題	小規模企業		中規模企業	
	製造業	非製造業	製造業	非製造業
人材（人材の確保・育成，後継者の育成・決定）	66.8%	69.7%	72.7%	84.9%
営業・販路開拓（営業力・販売力の維持強化，国内の新規顧客・販路の開拓，海外の新規顧客・販路の開拓）	61.4%	64.4%	63.1%	60.0%
生産・製造（設備増強，設備更新，設備廃棄）	52.6%	13.4%	52.5%	15.9%
財務（運転資金の確保，設備投資資金の確保，コストの削減，借入金の削減）	35.4%	40.9%	23.4%	37.6%
商品・サービスの開発・改善（新商品・新サービスの開発，商品・サービスの高付加価値化（ブランド化））	24.9%	38.2%	30.0%	42.6%
技術・研究開発（新技術開発，技術力の強化）	25.7%	17.2%	32.6%	15.0%
ICT活用（業務プロセスの効率化，間接業務の削減，データを活用した戦略立案）	7.3%	12.4%	11.1%	19.4%
その他（知的財産権の活用，企業間や産学連携，その他）	1.7%	3.2%	1.0%	1.6%

資料：（株）野村総合研究所「中小企業の経営課題と公的支援ニーズに関するアンケート」。
注1：重要と考える経営課題は，直面する経営課題のうち，上位3つまでを確認している。ここでは上位3位までを集計。
注2：複数回答のため，合計は必ずしも100%にはならない。「特になし」の項目は表示していない。
注3：各回答数（n）は以下の通り。小規模事業者製造：n＝918，同非製造：n＝1,255，中規模企業製造業：n＝1,166，同非製造業：n＝680。
出所：中小企業庁編 [2020]『中小企業白書　小規模企業白書　2020年版』Ⅲ-47頁をもとに筆者加工。

後継者の育成や決定（選定）は小規模企業の製造業で66.8%，非製造業で69.7%，中規模企業の製造業で72.7%，非製造業で84.9%の企業が課題として最も多く挙げており，営業・販路の開拓，生産や製造，財務と続く。こういった課題を解決できないと，中小企業は倒産もしくは廃業に追い込まれる。

　経営課題を解決できない企業は事業の存続が困難となり，休業もしくは廃業を選択せざるをえない。たとえ業績が良くても，事業存続のために必要不可欠な後任の経営者が不在であれば廃業となり，技術力に優れた企業が消滅してしまったり，雇用の場を喪失することは日本経済にとって損失である。帝国デー

| 図表 18 - 4 | 休業・廃業した企業の推移 |

(件)

2016 年	2017 年	2018 年	2019 年	2020 年	2021 年	2022 年	2023 年
60,168	59,702	58,519	59,225	56,103	54,709	53,426	59,105

出所：帝国データバンク［2024］「全国企業『休廃業・解散』動向調査（2023 年）」。

タバンクによれば，2023 年の倒産件数は 8,497 件にあるのに対し，休廃業の件数は 59,105 件と 7.0 倍も多い（図表 18 - 4）[4]。後継者をどのように確保するか，これは中小企業にとって喫緊の課題である。

3 中小企業の事業承継

　事業承継とは「経営者が経営権および有形無形の財産を後継者に引き継ぐこと」である[5]。中小企業の事業承継の場合，1 つ目に誰に事業を承継するのか，2 つ目にそもそも事業を継ぐ者，すなわち後継者が存在するのかが課題となる。事業承継に失敗すれば事業の存続は難しく廃業に追い込まれる。

　事業承継には①企業内承継と②企業外承継がある。企業内承継では，経営者の親族もしくは同企業に勤める従業員や経営者以外の役員が次の経営者の候補となる。企業外承継では，企業外の第三者に経営を委ねる形態で，1 つには外部から経営者を招聘する方法，もう 1 つは事業の売却すなわち M&A を行う方法である。

　事業承継で課題となっているものは，企業内承継における後継者の税金負担が高額であること，引き継ぐための資金を承継者が確保できていなかったりすること，中小企業の負債に対する経営者の保証（個人保証）などが挙げられる。前述したように，中小企業は経営と所有が未分離のため経営者イコール出資者でもある。経営者から事業を引き継ぐ者は，企業の資産すべてを承継しなくてはならず，これが事業承継をスムーズに行えない要因であった。しかし，昨今は事業承継税制の設置や金融機関による事業承継向けの融資，金融庁の指導による過度な個人保証の排除などが行われており，事業承継を取り巻く環境は改

善されている。

　また，第三者の承継すなわち M&A も増加しており，金融機関は新たな事業として M&A の仲介業務事業を推進しており，中小企業基盤整備機構は支援事業として M&A を推進している。

4 企業のビジネスモデルの見直し―ビジネスモデルのリモデリング

　企業の事業には導入期，成長期，成熟期，衰退期というライフサイクルが存在する。既存のビジネスモデルのライフサイクルをいかに延ばすか，もしくは新たな事業を創設するか，これらは企業にとって重要な事項である。当然，中小企業も事業の存続や生き残りのために，従来の事業分野での技術や経験，蓄積された経営資源を活用した新たな事業の導入も視野に入れなくてはならない。

　オライリー&タッシュマン［2019］は，自社の既存の認知の範囲を超えてその範囲を拡大しようという行為を「知の探索」，自社の保有する知を継続的に深く探求し続ける行為を「知の深化」と呼び，企業のイノベーションには経営者のリーダーシップに加え，この2つを同時に行う"両利きの経営"が必要であると述べている[6]。中小企業は経営資源が乏しく，経営資源をあらゆる分野に投下することは難しい。中小企業が両利きの経営を行うことは理想でもあり，中小企業にとってはビジネスモデルを根本的に変えることは検討するに値する。すなわちビジネスモデルを大幅に修正したり，新たなビジネスモデルを導入したりすることであり，本講ではこれを「リモデリング」と呼ぶ。

　リモデリングを行うにあたり，既存の事業分野と比較的関連性の高い分野で，既存の設備や知識，経験などを活用できる事業に進出する手法がある。このケースでは，既存の設備や経験を活用でき，経営資源の蓄積が乏しい中小企業にとっては，投資コストも最小限に抑えられリスクも軽減するといったメリットがある。

　また，既存の事業やビジネスモデルとは全く違った事業への進出や新たなビジネスモデルを導入する手法もある。DX を導入することでビジネスモデルを

転換させ，販売システムや生産システムなどを取り入れて既存の事業とは違った新たなビジネスモデルを構築して事業の存続，発展を目指すことも1つの方向性といえよう。

　中小企業にとってリモデリングは創業と同じように事業を一から再スタートさせるとともに，既存の事業で蓄積した経営資源を活用できる低コストの手法として，企業の存続の一手法である。

5　中小企業の現状とリモデリングの必要性

　これまでの中小企業の多くは下請けや系列取引の中に組み込まれていた。これによって大企業主導のもと，大量生産システムにおける生産部門イコール中小企業という役割分担が形成された。国際化の進展や産業構造の変化，そして2020年の新型コロナウイルス感染症の拡大による消費環境の変化などにより，この中小企業の役割は変わった。中小企業の中には，既存のシステムが崩壊した後も大企業と取引を継続するものもあるが，多くは取引先を失うことになった。

　下請，系列関係は一般的に大企業による中小企業の"搾取"と評される。しかし，その搾取の一方で中小企業の大企業依存型の体質が形成された側面もある。すなわち，大企業から大量の発注を受けられるというメリットのために，1社専属の取引を行い，元方を複数化することを目指さない企業も存在した。このような取引関係の中で大企業主導のもと中小企業の技術開発，技術力向上も進められたが，応用といった面で立ち遅れてしまった。さらに国際的な競争も激しくなり，海外企業とのコスト競争における優位がなくなり，その結果，海外へ発注先を変えた大企業からの受注がなくなると経営が不安定となり，既存の事業を存続することが困難となった。

　このような局面では，今までとは違う取引先を探さなくてはならないが，景気の低迷や産業構造の変化などにより，既存の事業で取引先を見出すことは困難な場合が多い。こうなると，廃業か事業転換かを迫られることになり，企業の中には廃業をせずに新たな事業を展開する，つまりリモデリングにより事業

継続，企業の発展を目指すものが出てきた。

　また，新型コロナウイルスの蔓延や DX の進展により，消費者の嗜好の変化や消費者行動の変化，そして市場の変化に対応ができなくなった中小企業の対応策としてリモデリングは活用される。小売店や商店街が既存のビジネスモデルを維持するのではなく，全く新たなビジネスモデルを構築しなくては生き残れなくなると判断し，リモデリングを試みるケースも出てきた。例えば，飲食店と消費者を ICT により結びつける宅配ビジネスの増加は出前という手法を現代的にアレンジしたものであり，無人の販売店は DX による情報網を駆使した監視システムの導入と働き手不足の解消を実現するビジネスモデルである。

　このように，中小企業は既存の事業における経営環境（下請，系列の崩壊，市場の変化，消費者ニーズ）の変化により，これまで通りのビジネスモデルでは維持ができなくなってきた。そこで，既存の事業や従来の市場に固執するのではなく，これまでの事業で培った経験や技術，信用などを含めた経営資源を活用して，新事業を展開しようという試みが拡大した。その具体例としては，新製品・新商品開発，新分野・新事業進出，新販売方法導入，新生産システムの開発などが挙げられる。中小企業が既存の事業では存続不可能となり，企業の存立維持，経営安定化，経営基盤強化を推進するために新分野進出，事業転換が試みられる。こういった動きはリモデリングといえる。

6　中小企業のリモデリングの成功条件

　中小企業は，既存の事業で蓄積されてきた経験や技術といった経営資源が重要であり，そのような企業のコアとなる部分の把握と整理を進める必要がある。自社の限られた経営資源を有効かつ低コストで活用できる事業へと進出していくこと，すなわち，経営資源の再配分こそがリモデリングの本質である。中小企業がリモデリングを進めるためには，既存の技術などを応用・活用した新たなビジネスモデルを構築することがスタートとなる。

　また中小企業の経営は前近代的とも評されているように，単なる経営者の意識改革だけでリモデリングを行っていても成果を上げるのは難しい。既存の事

業とは異なったビジネスモデルの導入により，イノベーションを進める必要がある。それには既存の経営資源の取捨選択を行い，活用できるものは活用し，捨てるものは捨てる，そのような経営者の判断が重要となる。

　現代の経営環境の変化は大きく，企業は新しい商品，製品やサービスの開発や事業活動する新領域を模索したり，また事業転換したりすることが必要となった。リモデリングには障壁が存在し，経営資源が少ない中小企業にとっては1社でそれを進めて行くには限界がある場合もある。そのような時は他社との連携を行ったり，共同で事業を行ったりする方法を視野に入れることも必要である。

　経営環境の変化に対応するために企業がリモデリングを行うことは必要であるが，経営資源の乏しい中小企業すべてに有効であるわけではない。既存の事業で蓄積された経営資源の質（失敗の原因の把握を含む）や新ビジネスモデルの有効性およびその事業展開が可能であるかといった点にも成功は左右される。このような点を克服可能であれば中小企業にとってリモデリングは有効な経営戦略の1つとなる。さらに，中小企業が有していた大企業依存・特定の企業への偏重といった体質から，汎用的かつ独立型のビジネスモデルへの転換ができれば，その中小企業の存続・成長の可能性は向上する。

注

* ＊1　中小企業基本法は1963年に制定され，1973年に中小企業の範囲を改定，さらに1999年に大幅に改定され，現行の定義となった。
* ＊2　中小企業庁によると「常時雇用する従業員とは解雇の予告を必要とする従業員」とされている。労働基準法第21条の，「日日雇い入れられる者，2か月以内の期間を定めて使用される者，季節的業務に4か月以内の期間を定めて使用される者，試の使用期間中の者」は原則除外される。
* ＊3　例えば，東京証券取引所プライム市場に上場している食品製造業のブルドックソース株式会社は，2023年3月期の有価証券報告書によると資本金は10億4,437万8千円であるが，従業員数が臨時従業員を含めても264名なので中小企業に当てはまる。
* ＊4　帝国データバンクは信用調査会社であり，倒産情報なども発信している。https://www.tdb.co.jp/tosan/syukei/index.html
* ＊5　寳ほか［2023］2頁参照。
* ＊6　オライリー＆タッシュマン［2019］。

参考文献

オライリー, C. A. & M. L. タッシュマン［2019］『両利きの経営』東洋経済新報社。

韓国中小企業庁：〈www.mss.go.kr/site/eng/main.do〉（2024 年 3 月 4 日）。

中小企業基盤整備機構：〈https://www.smrj.go.jp/〉（2023 年 8 月 29 日）。

中小企業庁［2022］『事業承継ガイドライン第 3 版』。

中小企業庁：〈www.chusho.meti.go.jp/index.html〉（2024 年 6 月 12 日）。

中小企業庁編［2020］『中小企業白書　小規模企業白書　2020 年版』。

中小企業庁編［2022］『中小企業白書　小規模企業白書　2022 年版』。

中小企業庁編［2023］『中小企業白書　小規模企業白書　2023 年版』。

帝国データバンク：〈https://www.tdb.co.jp/index.html〉（2024 年 6 月 12 日）。

帝国データバンク［2024］「全国企業『休廃業・解散』動向調査（2023 年）」。

竇　少杰・河口充勇・洪　性奉［2023］『東アジアの家族企業と事業承継』文眞堂。

アントレプレナーシップと ベンチャービジネス

> ## 1 アントレプレナーシップ
> - アントレプレナーシップは，アントレプレナーとして成果をもたらす精神的特性に関するものであり，起業家精神と訳される場合があった
> - その後，その捉え方は精神論だけではなく，行動特性も取り入れられるように

> ## 2 ベンチャービジネスとは何か
> ① 「ベンチャービジネス」または「ベンチャー企業」とは，起業家によって設立されて，新規性が高い市場の開拓に挑む企業のことである。

> ## 3 ベンチャーブームとその背景
> ① ベンチャーブーム：第1次ブーム（1972年〜73年），第2次ブーム（1981年〜86年），第3次ブーム（1995年〜2001年）
> ② ベンチャーブームの背景：「産業構造の変化」，「企業数の維持」，「ラディカル・イノベーションの影響力」
> ③ ベンチャービジネスと資金調達
> ④ ベンチャーエコシステム
> ⑤ 出口（Exit）戦略：償却・清算，合併・買収（M&A），新規株式公開（IPO）などがある。

1 アントレプレナーシップ

　ベンチャービジネスを展開するには，技術の開発と応用，資源の獲得と活用だけではなく，事業を起こした人も重要である。これらの人は，起業家またはアントレプレナー（Entrepreneur）と呼ばれる。特に，ベンチャービジネスを成功に導くには，アントレプレナーに属する特別な要素が必要であるといわれる。その要素も企業の発展段階によって変わらなければならない。これまで，アントレプレナーシップ（Entrepreneurship）はアントレプレナーとして成果をもたらす精神的特性に関するものであり，起業家精神と訳される場合があった。その後，起業のプロセスだけではなく，事業発展のプロセスにおいてもアントレプレナーシップの発揮が求められるようになり，したがって，その捉え方には，精神論だけではなく，行動特性も取り入れられるようになった。

　清水［2022］はアントレプレナーシップを「現在コントロールしている経営資源にとらわれることなく，新しいビジネス機会を追求する程度」であると定義している[1]。また，アントレプレナーシップを高めるために，「とらわれることなく」という点が重要であると指摘している。つまり，既存の経営資源の範囲であっても，新しいビジネス機会を追求すべきである。したがって，設立から年数が短い，経営資源が少ないベンチャービジネスにおいてアントレプレナーシップを発揮することは重要である。

　大月［2023］は「アントレプレナーシップを静態的に捉えるより，動態的な企業活動を前提にプロセス的に捉える方が実態を説明するのに有効だと思われるようになった」と述べている。そして，アントレプレナーシップは，「精神的特性」，「行動特性」，「能力特性」という3つの側面で発揮するものであると説明している[2]。

2 ベンチャービジネスとは何か

　本来は，ベンチャー（Venture）という言葉は冒険を意味する。「ベンチャー

ビジネス」または「ベンチャー企業」とは，起業家によって設立されて，新規性が高い市場の開拓に挑む企業のことである。しかし，これは和製英語であり，一般的な中小企業と区別するために使われている[*3]。また，日本では社会的要請と経済の発展状況に応じて，ベンチャービジネスの意義も変わっている。

松田［2014］はベンチャー企業を「リスクを恐れず新しい領域に挑戦する起業家に率いられた若い企業で，製品や商品の独創性，事業の独立性，社会性，さらに国際性を持った企業」と定義している[*4]。

3　ベンチャーブームとその背景

①　ベンチャーブーム

これまで，日本では3度のベンチャーブームが起こり，多様な支援策が行われてきた。

1972年に京都エンタープライズディベロップメント（KED）が日本初のベンチャーキャピタルとして設立された。その翌年，第1次石油ショックの影響で第1次ブーム（1972年〜73年）が終焉を迎えた。第2次ブーム（1981年〜86年）では，ベンチャーキャピタルが急増し，店頭登録の上場基準も緩和されたため，ベンチャー企業は成長資金を確保することができた。第3次ブーム（1995年〜2001年）では，産学官連携で共同研究と技術移転が促進されて，多くの大学発ベンチャーが創出された。また，資金調達の面では，1999年に東京証券取引所に「マザーズ」が，2000年に大阪証券取引所に「ナスダック・ジャパン」という新興市場向けの市場が新設された。

②　ベンチャーブームの背景

日本でベンチャービジネスが経済成長の担い手として期待される理由には，「産業構造の変化」，「企業数の維持」，「ラディカル・イノベーションの影響力」という3つのことが背景にある。

第1に，ベンチャービジネスは産業構造の変革期において重要な役割を果た

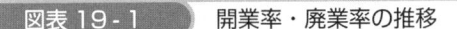

| 図表 19-1 | 開業率・廃業率の推移 |

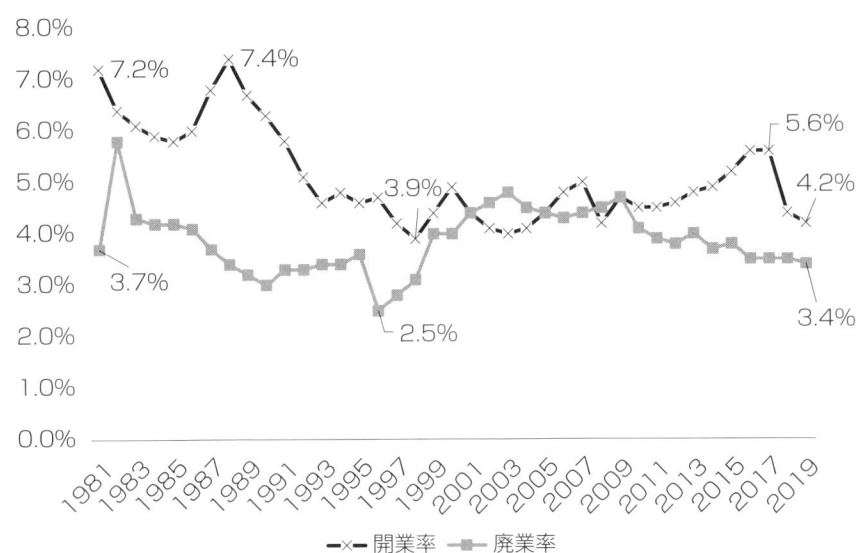

注1：開業率は，当該年度に雇用関係が新規に成立した事業所数／前年度末の適用事業所数である。
注2：廃業率は，当該年度に雇用関係が消滅した事業所数／前年度末の適用事業所数である。
注3：適用事業所とは，雇用保険に係る労働保険の保険関係が成立している事業所数である（雇用保険法第5条）。
出所：中小企業庁［2021］「中小企業白書　小規模企業白書　2021年版」（厚生労働省「雇用保険事業年報」のデータをもとに中小企業庁が算出）。

している。日本の産業別15歳以上就職者数の推移を見ると，第3次産業は増加している一方，第1次産業は1950年代以降，第2次産業は1990年代以降，減少している[*5]。こういう変化の中で，新たなビジネスモデルで価値を提供する企業が増えている。例えば，Eコマース（Electronic Commerce：電子商取引）関連の事業を運営する楽天グループは従来の小売業と異なる価値を提供し，物流業界などにも大きな変化をもたらして，新しい仕事の需要を生み出している。

　第2に，企業数の減少傾向に歯止めをかけるために，ベンチャービジネスへの支援が必要である。図表19-1で示されるように，開業率は1980年代前半には低下したが，1980年代中頃から1990年まで7.4％に上昇した。その後，再び低下し続け，5％前後で推移している。ベンチャービジネスは新規性の高

い事業を展開し，ベンチャーキャピタルなどから資金を調達することが可能である。そのため企業数を増やすための方策の1つとして，ベンチャービジネスを支援することが考えられる。

　第3に，ラディカル・イノベーションには業界構造を変える影響力があるが，大きなリスクも存在する。企業がイノベーションを起こして，新しい製品・サービスを市場に送り出す。それによって既存の市場との競争構造は大きく変わる場合がある。例えば，イノベーションには，既存の延長線で改良・改善を行うというインクリメンタル・イノベーションと，これまで存在しなかった発想から考えていくというラディカル・イノベーションの2種類がある。前者は漸進的な変化を指して，既存の市場に新しい価値を提供する。後者は急進的な変化を指して，新しいビジネスモデルを導入する，または新しい市場を作り出す。特に，ラディカル・イノベーションは社会全体に革新的な変化をもたらして，経済を活性化させることができる。しかし，ラディカル・イノベーションに取り組むことは，既存の企業にとって大きなリスクを負うことになる。そこで，ベンチャービジネスがリスクをとりながら，ビジネスチャンスとしてラディカル・イノベーションを起こすことが期待される。

③　ベンチャービジネスと資金調達

　（財）ベンチャーエンタープライズセンターが，2023年に5年以内に設立されたベンチャー企業の1,823社（回答社数：199社）を対象に行ったアンケートによると，創業以来の資金調達総額の割合は，「1,000万円未満が12.7％」，「1,000～5,000万円未満が27.8％」，「5,000～1億円未満が16.5％」，「1億円以上が43％」である。

　また，設立から現在までの資金調達状況は図表19-2で示される通りである。多くの企業が「本人，本人以外の創業者グループ」，「個人投資家（エンジェル）」，「銀行・信用銀行・信用組合等」，「VC・独立系」，「民間企業」から資金を調達していた。ベンチャービジネスの資金源が多様化している。

　また，資金調達元の金額の規模を見ると，「本人，本人以外の創業者グループ」と「家族・親戚・知人」から調達した資金の金額の約9割が5,000万円未満であった。「銀行・信用銀行・信用組合等」から調達した金額の約7割が5,000万円

資金調達元（有効回答数）	1～1,000万円未満	1,000～5,000万円未満	5,000～1億円未満	1億円以上
本人，本人以外の創業者グループ（88）	73.9%	20.5%	1.1%	4.5%
家族・親戚・知人（15）	73.3%	20.0%		6.7%
個人投資家（エンジェル）（36）	25.0%	41.7%	8.3%	25.0%
銀行・信用銀行・信用組合等（44）	11.4%	63.6%	13.6%	11.4%
VC・独立系（47）	4.3%	31.9%	14.9%	48.9%
VC・金融系（14）	14.3%	35.7%	7.1%	42.9%
VC・政府・地方自治体（4）		50.0%		50.0%
VC・大学系（14）	14.3%	14.3%	14.3%	57.1%
CVC（14）	14.3%	28.6%		57.1%
海外-VC・CVC（5）		40.0%		60.0%
公的機関（15）	33.3%	53.3%	6.7%	6.7%
民間企業（27）	14.8%	22.2%	14.8%	48.1%
海外投資家（VC・CVC以外）（4）		100.0%		
クラウドファンディング（寄付型・購入型）（6）	83.3%	16.7%		
クラウドファンディング（融資型・ファンド型・株式型）（7）	14.3%	85.7%		

□ 1～1,000万円未満　☒ 1,000～5,000万円未満　▣ 5,000～1億円未満　▥ 1億円以上

注：（　）内は有効回答数。
出所：ベンチャーエンタープライズセンター［2023］。

189

19　アントレプレナーシップとベンチャービジネス

未満であった。それに比べて，5,000 万円以上の場合，ベンチャーキャピタルからの調達が増えている。特に，「VC・政府・地方自治体」，「VC・大学系」，国内の「CVC」から調達した金額の 5 割が 1 億円以上であった。産学官は資金調達においてベンチャービジネスへのサポート体制を強化しているといえる。

それ以外では，「クラウドファンディング（寄付型・購入型）」から調達した場合は 1,000 万円未満の割合が高いが，「クラウドファンディング（融資型・ファンド型・株式型）」の場合は，8 割以上が 5,000 万円〜1 億円以上の資金を調達した。

④　ベンチャーエコシステム

今日，ベンチャービジネスは経済成長の実現だけではなく，社会課題の解決においても重要な役割を果たすと期待されている。米国のシリコンバレーや中国の中関村と深圳では起業家，大学，金融機関等が協力し合い，人材と資金を呼び込んで多くのベンチャービジネスを輩出している。このように，エコシステムの中で，継続的な多方面からの支援策はベンチャービジネスの育成において重要である。日本でもベンチャービジネスを継続的に生み出すために，外部環境の整備に取り組んでいる。日本経済再生本部［2016］が「ベンチャー・チャレンジ 2020」において，ベンチャーエコシステムを「起業家，既存企業，大学，研究機関，金融機関，公的機関等の構成主体が共存共栄し，企業の創出，成長，成熟，再生の過程が循環する仕組み（生態系）である」と定義している。さらに，エコシステムの形成において，「地域」と「世界」を直結することと，「大学・研究機関・大学等の潜在力」を最大限発揮することを重視している。

⑤　出口（Exit）戦略

ベンチャービジネスでは，一定の成果を得られた場合，より多くの投資家から資金を調達することができる。その一方，成果がなければ既存の事業を他社に譲渡して資金を回収する場合がある。

このように，事業の発展段階に応じて，出口（Exit）を設ける必要がある。ベンチャービジネスの出口（Exit）には，償却・清算，合併・買収（M&A），

| 図表 19-3 | Exit 社数の推移（社数比率） |

□ 株式公開（IPO）□ M&A ■ 売却 □ 償却・清算 □ 会社経営者等による買戻し ■ その他

注：各社へのアンケートを単純集計したため，IPO1 社に対し，複数の VC から Exit の回答がある場合は，Exit 社数に重複が発生する場合がある。

出所：ベンチャーエンタープライズセンター［2023］。

新規株式公開（IPO）などがある。それらは投資回収または利益確保のために使われる。近年では，出口（Exit）の手法が多様化になっている。図表 19-3 は（財）ベンチャーエンタープライズセンターが調査した出口（Exit）社数の推移を示すものである。その中で，IPO は成功の出口（Exit）であるといわれる[6]。

注

*1 清水［2022］3頁。

*2 大月［2023］ではアントレプレナーシップは次の3つのことから成り立つと述べている。精神的特性は，利己主義，利他主義，合意主義など。行動特性は，機敏性，適応性，リスク対応など。能力特性は，分析，探索，防衛，スピード，決断など。

*3 松田［2014］はベンチャービジネスという言葉の由来について，「ベンチャービジネス（Venture Business）という言葉は，一九七〇年五月に開催された第二回ボストンカレッジ・マネジメント・セミナーに参加した，通商産業省（現経済産業省）の畑近雄氏によって，はじめて日本で紹介されました。これを具体的に定義づけたのは，日本では古典的な出版物である『ベンチャー・ビジネス　頭脳を売る小さな大企業』（七一年，日本経済新聞社）を著した清成忠男・中村秀一郎・平尾光司の各氏です」と述べている。

＊4　松田［2014］17頁。
＊5　国勢調査の産業大分類は「第1次産業：農業，林業，漁業，第2次産業：鉱業，建設業，製造業，第3次産業：前記以外の産業」である。
＊6　松田［2014］はベンチャービジネスにおけるIPOの意義について「機動的な成長資金の調達，ブランド構築，人材確保を同時にかなえてくれるのが自社の株式を証券市場に新規株式上場（IPO：Initial Public Offering）することです。株式上場は持続的成長企業を目指すベンチャー企業の登竜門であるといわれるゆえんです。同時に，ベンチャー企業に投資した起業家を含む役員・従業員，エンジェル，ベンチャーキャピタル等の株主は，証券市場で株式を売却して，投資回収をするという意味で，株式上場は，『投資の出口』ということができます」と述べている。

参考文献

大月博司［2023］「第1章　アントレプレナーシップと経済活動」高橋徳行・大驛潤・大月博司編著『アントレプレナーシップの原理と展開　企業の誕生プロセスに関する研究』千倉書店。
経済産業省［2024］「スタートアップ育成に向けた政府の取組　スタートアップの力で社会課題解決と経済成長を加速する」〈https://www.meti.go.jp/policy/newbusiness/kaisetsushiryou_2024.pdf〉（2024年3月1日）。
清水洋［2022］『アントレプレナーシップ』有斐閣。
総務省［2023］「国勢調査／時系列データ／人口の労働力状態，就業者の産業・職業」〈https://www.e-stat.go.jp/stat-search/files?page＝1&layout＝datalist&toukei＝00200521&tstat＝000001136464&cycle＝0&tclass1＝000001136467&result_page＝1&tclass2val＝0〉（2024年4月20日）。
中小企業庁［2021］「中小企業白書　小規模企業白書　2021年版」〈https://www.chusho.meti.go.jp/pamflet/hakusyo/2021/PDF/chusho.html〉（2024年4月20日）。
松田修一［2014］『ベンチャー企業』日本経済新聞出版社。
ベンチャーエンタープライズセンター［2023］『ベンチャー白書2023：ベンチャービジネスに関する年次報告書』ベンチャーエンタープライズセンター。
日本経済再生本部［2016］「ベンチャー・チャレンジ2020」〈https://www.kantei.go.jp/jp/singi/keizaisaisei/venture_challenge2020/pdf/venture_challenge2020_honbun.pdf〉（2024年4月20日）。

Ⅷ　企業と社会

企業と ESG，SDGs

1　企業と ESG
①企業と社会的問題の変遷
- 企業の社会的問題と CSR の変遷
- CSR（企業の社会的責任）と CSV（共通価値の創造）

②ESG 概念の誕生と現状
- PRI（責任投資原則）と ESG 投資
- ESG と SDGs

2　企業と SDGs
①SDGs 誕生の背景
- MDGs から SDGs へ
- 取り組みの主体は政府から組織，個人に

②企業は SDGs にどう取り組むか
- SDGs コンパス（行動指針）
- アウト・サイド・イン・アプローチ

3　企業と社会課題の取り組み
①持続可能なサプライチェーン
- 社会課題の取り組みとサプライチェーン
- 情報開示とサプライチェーン

②リスクと機会
- リスクの分類
- 社会課題に取り組むことで生まれる機会（ビジネスチャンス）

1 企業とESG

① 企業と社会的問題の変遷

　企業が社会的な課題に取り組むようになったのは，CSR（Corporate Social Responsibility：企業の社会的責任）の台頭にさかのぼる。川村［2009］によれば[*1]，日本では，1960年代，1970年代に起きた公害問題に対する取り組み，また1992年の地球サミット（SDGsの項目で詳述）を契機とする地球環境問題への取り組みなどからCSRが捉えられてきた。一方で，2000年以降，相次ぐ企業不祥事によって，CSRへの関心が高まるようになる。特に，2003年は，日本のCSR経営元年といわれている。この年に，日本企業はリコーを筆頭に，相次いでトップ直結のCSR担当部署の設置がなされたためである。

　その後，ハーバード・ビジネススクールのマイケル・E・ポーターとマーク・R・クラマーが2011年に提唱したCSV（Creating Shared Value, 共通価値創造）が注目を集め，CSRとの違いがしばしば議論されている。彼らは，CSRでは環境問題を含む社会的課題への企業の取り組みを，コンプライアンス的な観点から議論しているが，CSVはCSRと異なり，戦略的な観点から社会的課題を考えるものと主張している[*2]。以下に，CSRとCSVの違いを示す。総じていえることは，ポーター等が指摘しているように，CSVは経営戦略に関わるも

図表 20-1　　CSR と CSV の違い

	CSR	CSV
特　　　　徴	善き行い	費用に対する経済的かつ社会的利益
社会からの視点	市民活動，慈善活動，サステナビリティ	企業と市民社会の共同価値創造
一般的な捉え方	外部からの圧力	競合優位性のために不可欠なもの
利 益 の 視 点	利益最大化ではない	利益最大化に不可欠なもの
コストの視点	予算範囲内ではない	企業全体予算の再編成

出所：Sustainable Japan ホームページをもとに加筆修正〈https://sustainablejapan.jp/2014/12/16/csv_csr_cr_sr_sustainability/12957〉（2024年5月1日）。

ので利益と社会課題解決の双方を目指すことにある。

② ESG概念の誕生と現状

ESG は環境（Environment），社会（Social），ガバナンス（Governance）の略で，近年，企業が取り組むべき課題として挙げられている。企業のこの 3 つの取り組みの視点に着目した投資が ESG 投資である。金融市場では，長年，利益重視の短期主義的な行動がとられてきたことにより，世界に波及する金融破綻を招いたという反省があった。その反省に立って，国連は，PRI（Principles for Responsible Investment：責任投資原則，図表 20 - 2）を 2006 年に公表し，長期的視点に立った投資行動をとるように市場や投資家に促してきた。

日本では，世界でも最大規模の基金を運用しているといわれる GPIF（年金積立金管理運用独立行政法人）の署名（2015 年）や SDGs への関心の高まりにより ESG および ESG 投資についてもブームともいえる状況となり，投資家による ESG 情報の開示要求や ESG 関連の議決権行使，対話などが積極的に展開されるようになった。

ESG と SDGs は並行して取り上げられることが多いが，どのような関係性があるだろうか。GPIF は，ESG 投資において考慮される ESG 課題と SDGs のゴールやターゲットとは共通点が多く，ESG 投資が結果として，SDGs 達成に大きく貢献することになると述べている[*3]。すなわち，ESG と SDGs は，企業にとって達成すべき社会的課題であり，それぞれの課題や目標に取り組むことは相互に関連性があるといえる。

図表 20 - 2　　責任投資原則

1. 私たちは投資分析と意思決定のプロセスに ESG 課題を組み込みます
2. 私たちは活動的な所有者となり，所有方針と所有習慣に ESG 問題を組み入れます
3. 私たちは投資対象の企業に対して ESG 課題についての適切な開示を求めます
4. 私たちは，資産運用業界において本原則が受け入れられ，実行に移されるよう働きかけを行います
5. 私たちは，本原則を実行する際の効果を高めるために，協働します
6. 私たちは，本原則の実行に関する活動状況や進捗状況に関して報告します

出所：PRI ホームページ日本語訳文〈https://www.unpri.org/about〉，環境省ホームページ〈https://www.env.go.jp/council/02policy/y0211-04/ref01.pdf〉（2024 年 5 月 1 日）。

2 企業とSDGs

① SDGs誕生の背景

　このまま地球環境を破壊しながら経済成長を続けていけば人類の未来はないという危機感のもと，1992年，国連の呼びかけで世界中からリオデジャネイロに各国の代表者が集った。通称地球サミットと呼ばれるこの会議では，新たに「持続可能な開発（Sustainable Development）」の概念が提唱された。その後，2001年に貧困問題の解決など8つの目標が設定されたMDGs（Millennium Development Goals）が国連により採択された。MDGsの達成年度である2015年には，国連持続可能な開発サミットの成果文書として「我々の世界を変革する：持続可能な開発のための2030アジェンダ」がまとめられ，すべての国連加盟国によって2030年を達成年度として掲げられたSDGs（Sustainable Development Goals：持続可能な開発目標）が新たに採択された（図表20-3）。

　MDGsは国連加盟国の政府および国連の専門機関が主導して目標達成に努めたが，図表20-4に見られるように，SDGsは各国政府だけでなく民間企業やNGO，また個人もその担い手として位置づけられる。特に企業は規模的にも影響力が大きく取り組みが期待されている。

図表 20-3 SDGs が採択されるまでの国際的な動き

1992年	国連開発環境会議（通称地球サミット）
2001年	MDGs が国連で採択される
2002年	Rio+10（地球サミットから10年後）
2012年	Rio+20（地球サミットから20年後）
2015年	MDGs 達成年度および SDGs が国連で採択される
2016年	SDGs 着手の年
2030年	SDGs 達成年度

出所：野村［2022］5頁をもとに加筆修正。

図表20-4	SDGs取り組みの担い手

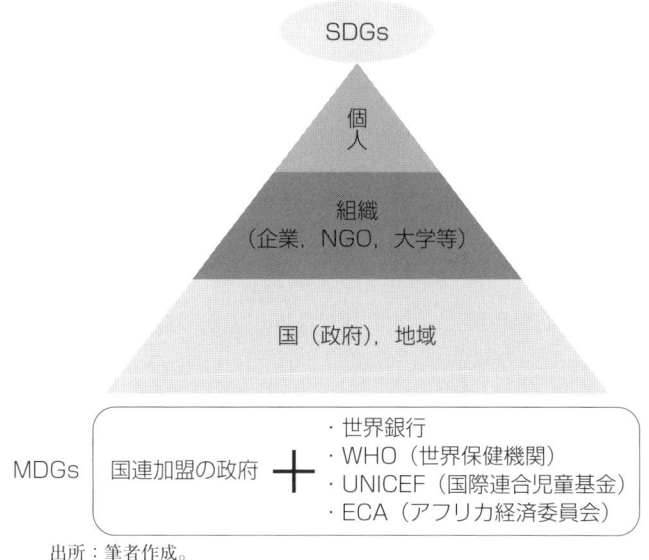

出所：筆者作成。

② 企業はSDGsにどう取り組むか

国連は企業がSDGsに取り組むにあたり，具体的な行動指針を示している（「SDG Compass SDGsの企業行動指針—SDGsを企業はどう活用するか—」参照）。取り組みのステップとして，まず，SDGsの基本を理解し次に優先課題を決定する。その後KPI（主要業績評価指標）を選択するなどの目標を設定してから，経営に統合し，最後に報告とコミュニケーションを行う流れを示している。特に目標設定では，アウトサイド・イン・アプローチをとることを推奨している。これまでの企業の目標設定は内部中心的で，世界的な課題に対処できないインサイド・アウト・アプローチ型であることを指摘し，SDGsでは，世界的な視点から何が必要かを外部から検討するアウトサイド・イン・アプローチ型でなくてはいけないと指摘している。図表20-5に示される通り，左右の円の大きさに達成度のギャップが生じていることがわかる。現代の企業は世界や社会に存在する様々な事象や課題を捉え，外部から俯瞰的に見て目標設定す

図表 20-5　SDGs コンパスによる目標設定のアプローチ

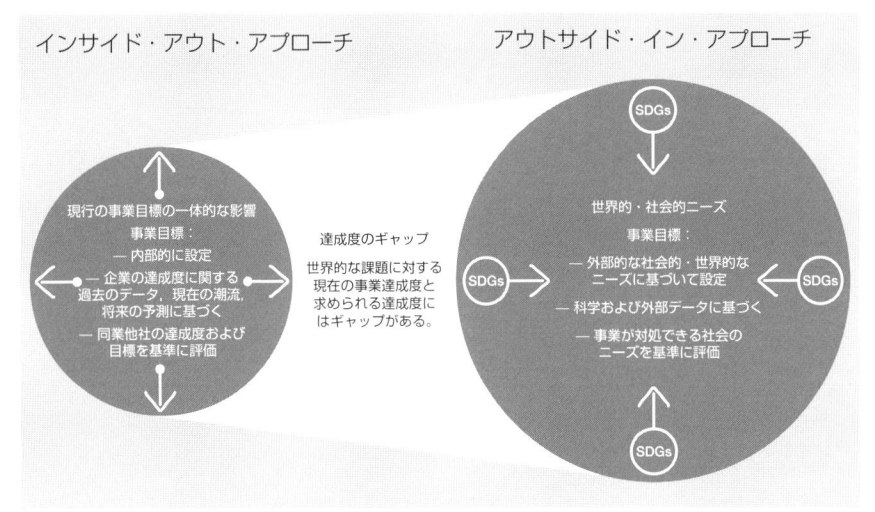

出所：GRI ほか［2016］「SDG Compass　SDGs の企業行動指針―SDGs を企業はどう活用するか―」〈https://sdgcompass.org/wp-content/uploads/2016/04/SDG_Compass_Japanese.pdf〉（2024 年 5 月 1 日）をもとに一部修正。

ることが求められている。

3　企業と社会課題の取り組み

①　持続可能なサプライチェーンとは

　企業が ESG や SDGs に関連した諸問題に取り組む際には，サプライチェーン全体での取り組みが求められる。UNGC（国連グローバルコンパクト）は，以下の考えを企業に提唱している[4]。

CSR 調達・持続可能な調達

　グローバル化の進展に伴い，企業活動による環境や社会全体への影響の範囲が，直接

関係する取引先やその関係者に留まらず，サプライチェーン全体に及ぶことを理解し，「企業の社会的責任」を果たすべきであるという考え方が社会の共通の理解になりました。

企業は製品，資材および原料などを購入・調達するにあたり，品質，性能，価格，および納期といった従来から重視されてきた自社事業の成果に直結する項目に加えて，環境，労働環境，人権などへの影響を確認することが社会から求められています。

　このように，環境や社会に関することは自社にとどまらず，サプライチェーン全体でその影響を確認し取り組んでいく必要がある。こうした持続可能なサプライチェーンを確立していくことを SSCM（Sustainable Supply Chain Management：持続可能なサプライチェーン・マネジメント）という。この SSCM の実践により，企業がサプライチェーン上で付加価値を生んでいくサステナブル・バリューチェーンを生み出すことにつながる。

　また，情報開示においてもサプライチェーン上での SDGs や ESG に関する情報の開示が求められるようになってきた。例えば，東京証券取引所プライム市場に上場している企業は，気候変動に関するリスク情報の開示が実質的に義務づけられている。国際サステナビリティ基準審議会（ISSB）では，自社の温室効果ガス排出のデータ（Scope1，Scope2）だけでなく，サプライチェーンの上流にある原材料の採取，輸送などで生じるもの，下流の製品の資料や廃棄で生じるもの（Scope3）も情報開示が求められている。こうした傾向は，自然資本，生物多様性の保全状況やリスクの開示などにも広がると見られている。

②　リスクと機会

　ESG や SDGs に関連した諸課題において，それらに取り組まないことで生じるリスクと，取り組むことで生まれる機会を企業は認識する必要がある。

　まずリスクについてであるが，ここでは，環境問題を例に考えてみよう。企業が抱えている環境リスクは次の4分類に分けることができる。すなわち，①自然リスク，②規制リスク，③戦略リスク，④開示リスクである[*5]。まず，①の自然リスクであるが，例えば気候変動による様々な自然災害により事業そのものがストップしたり，洪水によって資産が破損したりするなどのリスクが生じる。次に②の規制リスクは，環境規制が敷かれている欧州域内で，その対応ができていない場合，事業展開ができないといったリスクが生じる。③の戦略

リスクでは，環境問題に対する消費者の意識や市場の変化を読み取っていないことにより，他社から遅れをとるといったリスクが生じる可能性がある。昨今，学校教育でSDGsを学んできている世代を「SDGs ネイティブ」と呼称したりしているが，こうした世代のニーズをつかめていないと戦略リスクを生み出しかねない。最後に④の開示リスクは，例えば気候変動に関する情報をステークホルダーに開示していないとビジネスチャンスを逃したり，警告の対象となったりしてしまうものである。情報開示は環境問題だけでなく人的資本（ダイバーシティや女性の雇用対策など）等でも世界的に拡大の傾向にあるので先んじた対応が望まれる。

　次に機会についてであるが，図表 20 - 6 に示される通り，SDGs に関連する

図表 20 - 6　　SDGs に関する市場機会

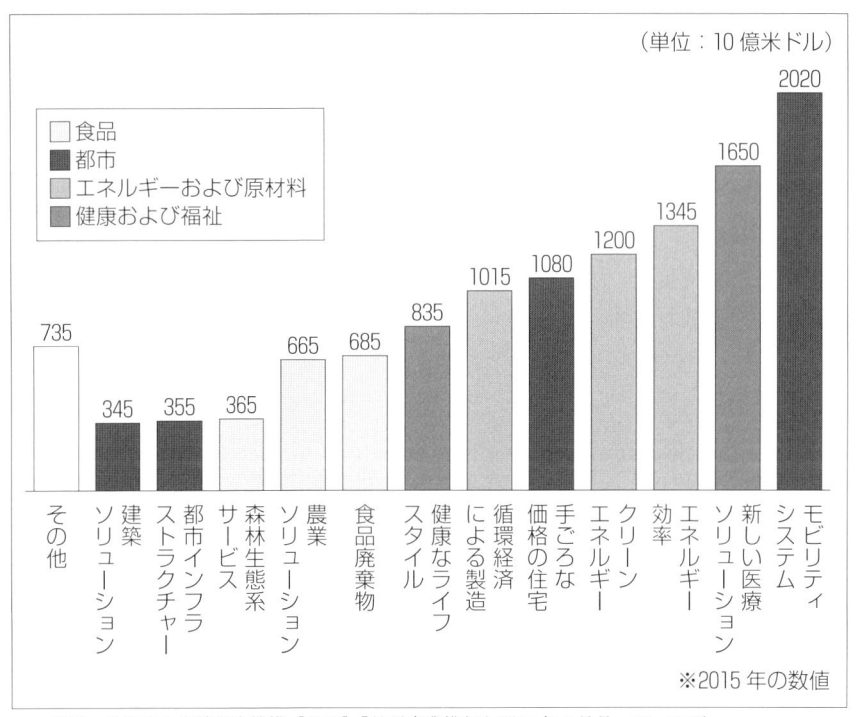

出所：学校法人先端教育機構［2018］「月刊事業構想」2018 年 4 月号，16 - 17 頁。

201

市場機会は様々な分野で見られる。市場全体では，12 兆ドル規模（約 1,856 兆円，2024 年 5 月現在の換算）になるといわれている[6]。いわゆる社会課題解決のためには，企業はコスト負担を考えがちだが，一方で，こうした機会が市場に点在することを認識し取り組むことが肝要である。

注

- ＊1　川村［2009］24 - 26 頁。
- ＊2　野村ほか編［2021］80 頁。
- ＊3　GPIF ホームページ〈https://www.gpif.go.jp/esg-stw/esginvestments/〉（2024 年 5 月 1 日）。
- ＊4　グローバル・コンパクト・ネットワーク・ジャパン HP〈https://ungcjn. org/objective/procurement/index.html〉（2024 年 5 月 1 日）。
- ＊5　野村ほか編［2014］54 - 59 頁。
- ＊6　経済産業省［2020］。

参考文献

学校法人先端教育機構［2018］「月刊事業構想」2018 年 4 月号，16 - 17 頁。

蟹江憲史［2020］『SDGs（持続可能な開発目標）』中公新書。

川村雅彦［2009］「日本における CSR の系譜と現状」『ニッセイ基礎研究所　特別レ ポ ー ト 2』〈https://www.nli-research.co.jp/files/topics/38077_ext_18_0. pdf〉（2024 年 5 月 1 日）。

経済産業省［2020］「世界の世界課題解決（SDGs）の促進に向けて」『通商白書2020』〈https://www.meti.go.jp/report/tsuhaku2020/pdf/02-03-03.pdf〉（2024 年 5 月 1 日）。

GPIF ホームページ〈https://www.gpif.go.jp/esg-stw/esginvestments/〉（2024 年 5 月 1 日）。

日本経済新聞［2021］「サステナビリティー経営の現在⒟　従業員も問題解決意識を」2021 年 9 月 28 日付朝刊。

野村佐智代・佐久間信夫・鶴田佳史編［2014］『よくわかる環境経営』ミネルヴァ書房。

野村佐智代・日本中小企業ベンチャービジネスコンソーシアム編［2022］『中小企業の SDGs』中央経済社。

野村佐智代・山田雅俊・佐久間信之編［2021］『現代環境経営要論』創成社。

南　博・稲場雅紀［2020］『SDGs – 危機の時代の羅針盤』岩波新書。

GRI, United Nations Global Compact, wbcsd［2015］"SDG Compass：The guide for business action on the SDGs,"〈https://sdgcompass.org/wp-content/ uploads/2015/12/019104_SDG_Compass_Guide_2015.pdf〉（2024 年 5 月 1 日）.

GRI・United Nations Global Compact・wbcsd［2016］「SDG Compass：SDGs の企業行動指針—SDGs を企業はどう活用するか—」〈https://sdgcompass.org/ wp-content/uploads/2016/04/SDG_Compass_Japanese.pdf〉（2024 年 5 月 1 日）。

World Economic Forum［2024］"The Global Risks Report 2024 19th Edition Insight Report,"〈https://www.weforum.org/publications/〉（2024 年 5 月 1 日）.

企業の無形資産, 人的資本

1 無形資産とは

無形資産とは
- ・物的な実態の存在しない資産
- ・特許や商標権等の知的資産, 企業文化や経営管理プロセスといったインフラ資産に加え, 従業員の持つ知識・技術・能力等の人的資産など
- ・知的資本, 人的資本, 社会・関係資本

2 人的資本とは

人的資本とは
- ・従業員が身につけた技能, 資格, 能力, 技能といったもの
- ・企業価値の源泉

人的資本経営が求められた背景
- ・経営視点の変化：株主価値経営への反省
- ・外部環境の変化：情報通信技術の進歩と産業構造の変化
- ・新しい資本主義の主軸とする「人的資本経営」

3 人的資本投資と企業価値

人的資本投資に対する従来の考え方
- ・損益計算書の上では利益を押し下げるコスト

パーパス経営における人的資本投資
- ・企業の付加価値を高める資本

4 ウェルビーイング経営

従業員エンゲージメント：「従業員に会社を気に入って働いてほしい」という企業目線

ウェルビーイング：「人間は幸せに生きるべきである」という従業員目線（健康経営と働き方改革が背景にある）

ウェルビーイングの取組み
- ・長時間労働の是正やハラスメントへの対策
- ・企画型裁量労働制など働き方の柔軟性を高める制度の充実に向けた環境整備

1 無形資産とは

近年では，企業価値に占める無形資産の割合について，1975 年では 17％だったものが，2020 年では 90％と大幅上昇した[1]。無形資産による利益創出は近年に始まった事象ではなく，17 世紀初頭に遡って確認できる[2]。無形資産とは物的な実態の存在しない資産で，例えば特許や商標権等の知的資産，企業文化や経営管理プロセスといったインフラ資産に加え，従業員の持つ知識・技術・能力等の人的資産などのことを指す。図表 21 - 1 の IIRC（International Integrated Reporting Council：国際統合報告評議会[3]）が提唱した国際統合フレームワークにおける 6 つ資本のうち，知的資本，人的資本，そして社会・関係資本がそれに該当する。この中，とりわけ人的資本が企業の競争優位を支え，イノベーション創出を通じた持続的な企業価値の向上や企業の競争力の源泉として位置づけられている。

2 人的資本

① 人的資本とは

人的資本とは，従業員が身につけた技能，資格，能力といったものを資本と見なすもので，教育や訓練などで蓄積され，生産性向上やイノベーション創出に寄与できる。その価値を最大限に引き出すことで，中長期的な企業価値向上につながることができる。今日では個人が後天的に習得した知識や専門的技能によって生み出される経済的収益性に加えて，生まれ持った能力や資質まで人的資本とされている。

18 世紀にアダム・スミスが「国富論」の中で，特別な技能と熟練を要する職業のために時間と労力をかけて教育された人を，高価な機械になぞらえる記述をしたことが起源とされている[4]。

図表21-1 企業価値と「6つの資本」

企業価値					
財務資本	製造資本	知的資本	人的資本	社会・関係資本	自然資本
・株式，借入，寄付など	・建物，設備など	・特許権，著作権，ブランド，ノウハウなど	・従業員の能力，経験，イノベーションへの意欲など	・多様なステークホルダーとの関係，情報を共有する能力など	・再生可能および再生不可能な環境資源およびプロセスなど

出所：IIRC 国際統合フレームワーク。

② 人的資本経営が求められた背景

(1) 経営視点の変化：株主価値経営への反省

　近年では，欧米を中心に従業員を「付加価値を生み出す資本」と捉える動きが広がり，財務情報だけで測れない企業の本質的な価値を見る材料とされている。

　ではなぜ人的資本経営が注目され始めたのか。2008年のリーマンショック以降，株主価値のみを追求する株主価値経営への批判が強まったことが背景の1つとなっている。財務的指標を重視し，株主利益のみを追求する経営ではなく，非財務的価値を検討し，すべてのステークホルダーに配慮する経営が求められるようになってきた。その中，IIRCは，非財務的情報の重要性に言及し，非財務的情報も含む統合報告書のガイドラインの策定に向けた動きを加速させた。主な活動として，企業のこれまでの業績などの財務情報だけでなく，企業が環境保全や地域貢献にどのくらい貢献しているかという非財務情報もまとめた情報公開のフレームワークである「統合報告（Integrated reporting）」の開発・促進を行っている。

　加えて，ESG投資の文脈から，投資家は非財務情報の開示や質の高い統合報告書の作成を要求するようになってきた。企業に関わる環境（E）・社会（S）・ガバナンス（G）要素のうち，「経営理念・ビジョン」，「人の資源の有効活用・

人材育成」を重視する投資家の割合が高い[*5]。人材やITなどの企業の無形固定資産への投資が，機関投資家の投資判断の重要な要素になってきている。

　さらに，2015年に採択された持続可能な開発目標（SDGs）では，バリューチェーン全体において，「17目標」にどのように取り組むかを反映して，企業が「パーパス（存在意義）[*6]」を策定しているというものが重要になってきている。このパーパスは社会と価値を共創し持続的に成長するための指針とされている。「パーパス」実現に向けて，事業会社ごとの成果指標や目標値の設定が行われているが，一般に「環境・健康・従業員」の3つの視点から非財務指標を設定している。

（2）外部環境の変化：情報通信技術の進歩と産業構造の変化

　産業構造の変化や技術進歩により，企業価値の中核が有形資産から無形資産に移行しつつある[*7]。こうした中，「ヒトの成長＝企業の成長」という考え方が強まってきており，企業価値の源泉を人材と見なす「人的資本経営」への関心が高まってきている。さらに，2019年に第一例目が報告された新型コロナウイルス感染症は，人の移動を制限し（外出自粛など），リモートワークやリモート授業を強いられた。この影響を受けて，これまで実体店舗運営を中心とした産業がビジネスモデルのデジタル化を推し進めていった。そして，無形資産の価値最大化において人材が中核的な役割を果たしている。

（3）新しい資本主義の主軸とする「人的資本経営」

　欧米諸国より遅れているが，日本では2021年に岸田政権が提起した「新しい資本主義」の柱として，人的資本の強化についての議論が行われている。経済産業省は人材が企業の競争力の源泉となる中で，中長期的な企業価値向上の観点から，「人的資本経営」を推進しており，2020年1月には「持続的な企業価値の向上と人的資本に関する研究会」を設置し，人的資本経営において経営陣，取締役会，投資家がそれぞれ果たすべき役割や，人材戦略に共通する視点・要素について，企業の人事責任者・投資家を含めた有識者の方々に議論してもらった。この内容は，2020年9月に報告書（人材版伊藤レポート）として取りまとめ，公表した。また，2022年8月30日に内閣官房より公表された人的

資本に関する開示のガイドラインである「人的資本可視化指針」により，2023年3月期決算以降，上場企業には有価証券報告書で複数項目の開示が義務化された。

3　人的資本投資と企業価値

①　人的資本投資に対する従来の考え方

　これまで人的資本への投資は人件費や研修費として位置づけられているため，「人件費や研修費などは損益計算書の上では利益を押し下げるコスト」として捉えられてきた。特に，株主価値重視の時代では，株主価値の最大化を図ろうと，様々なコスト削減策が講じられてきた。その中，経営コストに大きな割合を占める人件費を削減しようと様々な施策が実施されてきた。例えば，リストラクチャリングを行い，人手不足の時にアウトソーシングを利用すれば，人材の採用・教育にかかる費用をカットできるという考え方のもと，正規雇用から非正規雇用への置き換えが進んでいた。

②　パーパス経営における人的資本投資

　賃上げやリスキリング[8]など人的投資を拡大し，優秀な人材の確保や育成を通じて企業価値を高める動きが欧米企業を中心に広がっている。日本でも人的資本が経営の注目テーマとなり，岸田文雄首相はリスキリング関連に5年で1兆円を投じると表明した。どの会社も人的資本の熟知が今後の経営の核になり，従業員が気分よく能力を発揮することで生まれる創造性をぬきに，企業の成長は望めないという環境になってきた。

　前述した通り従来では人的資本への投資を「利益を押し下げるコスト」として取り扱ってきた。パーパス経営における人的資本投資では従業員にかかる出費を「労働環境の充実や優秀な人材の採用・育成を通じて企業の付加価値を高める資本」と捉える（図表21-2参照）。

　例えば，人的資本に積極的投資をしているエーザイ株式会社ではESGイン

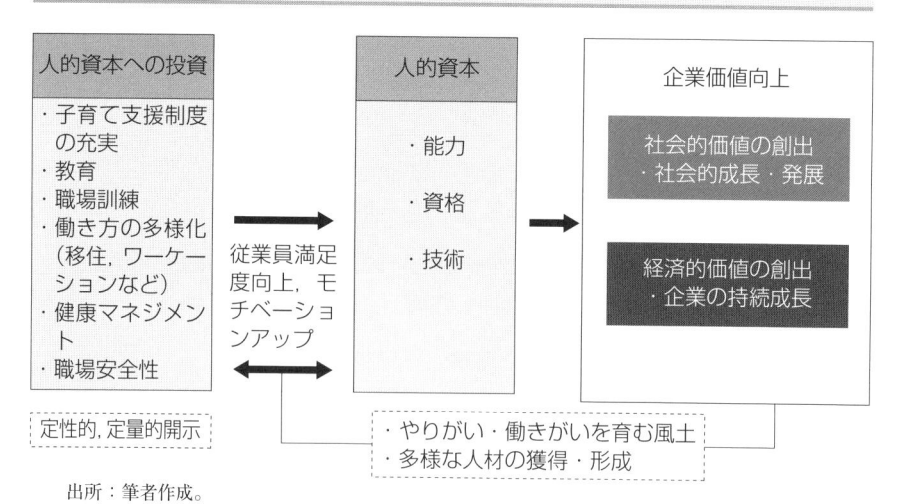

図表21-2　人的資本への投資と企業価値向上の関係図

出所：筆者作成。

デックスを策定し，2011年より従業員への投資を項目ごとに細かく表示し，数値化している。それだけでなく，従業員への投資が業績との関係性も明確に表記している。図表21-3のように，同社は生産活動に関わる人件費（人的資本）を売上総利益に足し戻しESG売上総利益を算出し，研究活動そして営業活動に関わる人件費（人的資本）を営業利益に足し戻しESG EBITを算出した。このように，エーザイ株式会社は人的資本への投資と利益の関係性を明確にしている。また，エーザイ株式会社は2022年度に，「社員の健康を含めたウェルビーイング」，「多様な働き方」，「社員の成長」，そして「組織，事業の成長」を柱とした「統合人事戦略」を策定した。2023年4月には，社員の自律的な成長や，より高い役割を担う動機づけを促すことを目的として，役割に応じた報酬制度や行動発揮に重きを置いた評価制度を導入するなど，人事制度の強化も進めている。しかし現状では，エーザイ株式会社のような取り組みを行う会社は少なく，外国人従業員数，女性管理職の割合，育児休暇取得日数を中心に開示している会社が多いのである。

| 図表21-3 | エーザイ株式会社 ESG Value - based 損益計算書 |

(単位：億円)

	2018年度	2019年度	2020年度	2021年度	2022年度
売上収益	6,428	6,956	6,459	7,562	7,444
売上原価	1,845	1,757	1,613	1,748	1,778
うち生産活動に関わる人件費 人的資本	136	142	142	162	166
従来の売上総利益	4,583	5,199	4,846	5,814	5,666
ESG 売上総利益	4,719	5,341	4,988	5,976	5,832
研究開発費	1,448	1,401	1,503	1,717	1,730
研究開発費 知的資本	1,448	1,401	1,503	1,717	1,730
（うち人件費）	456	464	474	541	647
販売管理費	2,282	2,563	2,814	3,664	3,583
うち営業活動に関わる人件費 人的資本	871	880	905	1,013	1,002
その他損益	9	20	△ 12	105	48
従来の営業利益	862	1,255	518	537	400
ESG EBIT	3,316	3,678	3,067	3,429	3,299

ESG 売上総利益＝売上収益－売上原価＋生産に関わる人件費（人的資本）
ESG EBIT ＝営業利益＋研究開発費（知的資本）＋生産活動・営業活動に関わる人件費（人的資本）
出所：エーザイ［2023］『価値創造レポート』66 頁。

4　ウェルビーイング経営

　従業員が幸せに働くために必要な条件に注目し，従業員エンゲージメントを通じて価値創造で新たな視点を構築する取り組みが行われる。具体的には，子育て支援制度の充実，教育，職場訓練，働き方の多様化（移住，ワーケーションなど），健康マネジメント，職場安全性などの取り組みで従業員エンゲージメントの向上を図ろうとしている。エンゲージメントはあくまで「従業員に会社を気に入って働いてほしい」という企業目線の考え方であるのに対し，ウェルビーイングは「人間は幸せに生きるべきである」という従業員目線に立って

いる*9。ウェルビーイング（Well‐being）とは Well（よい）と Being（状態）が組み合わさった言葉で，身体的・精神的・社会的にも良好な状態という概念を表している。ウェルビーイングが産業界で取り上げられたのは，国が健康経営と働き方改革を推進していることも関係している。今日ではウェルビーイングの取組みにおいては特に長時間労働の是正やハラスメントへの対策についての議論のほか，企画型裁量労働制など働き方の柔軟性を高める制度の充実に向けた環境整備が進められている。

　実際には待遇や福利厚生の改善が従業員のモチベーションアップ，生産性向上やイノベーション創出につながること*10，従業員満足度の向上が業績向上につながること*11 は多くの研究で言及されてきた。幸せな従業員は生産性や創造性が高いということで，従業員を幸せにすることが企業の人的資本の蓄積や，企業価値向上につなげられるものとされている。

注

＊1　日本経済新聞［2022］。
＊2　英国では，1624 年に現代の特許法のもとになる「専売条例」が制定された。ヨーロッパの最新技術を導入するために英国以外の研究者や技術者の発明に対しても独占権を与えたライセンス料で巨万の富を築いた。また，特許で利益を上げた発明家には電球を発明したトーマス・エジソンや電話機を発明したアレクサンダー・グラハム・ベル，交流電流やラジオを発明したニコラ・ステラがいた。
＊3　英国で 2010 年 7 月に創立された，企業などの価値を長期的に高め，持続的投資を可能にする新たな会計（情報開示）基準の確立に取り組む非営利国際団体である。
＊4　平本［2020］。
＊5　経済産業省［2020］。
＊6　パーパス経営について 2018 年に，大手投資運用会社ブラックロック社（BlackRock）の CEO であるラリー・フィンク氏が，年次書簡において「パーパスの重要性」を提唱している。2019 年，米国の大手経済団体「ビジネス・ラウンドテーブル」が，『Statement on the Purpose of a Corporation（企業のパーパスに関する声明）』を発表した（Business Roundtable［2019］）。同声明では，これまでの「株主至上主義」を見直し，「人や社会を重視する方針」に転換すべきことを宣言している。これらの動きを受けて，「パーパスのために働く」という意識が米国経済全体で高まり，日本にもその影響が広がりつつある。
＊7　世界の上場企業の無形資産は 2017 年度に約 9 兆 6,900 億ドルと，2007 年度比で倍増した。グーグルやアマゾン・ドット・コムなど「GAFA」と呼ばれる巨大 IT（情報技術）企業の存在が影響している。こうした企業は一般的な

　　製造業のように物理的な生産設備は必要としない一方，利用者データや人工
　　知能（AI）技術などの無形資産を世界中から集め，競争力につなげている。
　　トヨタ自動車や富士通などは単なるハードの製造業ではなく，その前後のサー
　　ビスなどソフトで稼ぐビジネスモデルへの転換を打ち出している（日本経済
　　新聞［2019]）。
＊8　リスキリングとは新しい職業に就くために，あるいは，今の職業で必要とさ
　　れるスキルの大幅な変化に適応するために，必要なスキルを獲得する／させ
　　ることである。近年では，特にデジタル化と同時に生まれる新しい職業や，
　　仕事の進め方が大幅に変わるであろう職業につくためのスキル習得を指すこ
　　とが増えている（石原［2021]）。
＊9　なお，ANA のような役員報酬の算定において，従業員満足度の度合を，役
　　員報酬と連動させる会社もある。
＊10　例えば，Guinan［2004]，Haspeslagh and Jemison［1991]，Hayes［1979]。
＊11　松葉［2008]，鈴木・松岡［2014]。

参考文献

石原直子［2021]「リスキリングとは―DX 時代の人材戦略と世界の潮流―」〈https://
　　www.meti.go.jp/shingikai/mono_info_service/digital_jinzai/pdf/002_02_02.
　　pdf〉（2022 年 12 月 20 日）。
経済産業省［2020]「持続的な企業価値の向上と人的資本に関する研究会 報告書～
　　人材版伊藤レポート～」〈https://www.meti.go.jp/shingikai/economy/kigyo_
　　kachi_kojo/20200930_report.html〉（2022 年 12 月 21 日）。
鈴木研一・松岡孝介［2014]「従業員満足度，顧客満足度，財務業績の関係―ホス
　　ピタリティ産業における検証―」『日本管理会計学会誌』第 22 巻第 1 号，
　　3 - 25 頁。
土生哲也［2007]「成長企業の知的財産戦略―知的財産を生かした企業価値向上の
　　考え方」『知財管理』第 56 巻第 6 号，890 - 899 頁。
日本経済新聞［2019]「無形資産　特許や商標，デジタル化で重み」2019 年 1 月
　　23 日。
日本経済新聞［2022]「『人材価値』の開示，投資判断を左右　多様性・社員教育・
　　離職率など　日米欧，年内にも新基準」2022 年 2 月 19 日。
野中郁次郎・竹内弘高・梅本勝博［1996]『知識創造企業』東洋経済新報社。
平本宏幸［2020]「タレントマネジメントの潮流と展望（中編）～ヒューマンキャ
　　ピタルマネジメント再考～」ウイリス・タワーズワトソン人事コンサルティ
　　ングニュースレター〈https://www.willistowerswatson.com/ja-JP/Insights/
　　2020/08/hcb-nl-august-hiramoto〉（2024 年 3 月 1 日）。
松葉博雄［2008]「経営理念の浸透が顧客と従業員の満足へ及ぼす効果」『経営行
　　動科学』第 21 巻第 2 号，89 - 103 頁。
Bharadwaj, A. S., Bharadwaj, S. G. and B. R. Konsynski［1999] "Information
　　technology effect on firm performance as measured by Tobin's q,"
　　Management Science, Vol.45, No.7, pp.1008 - 1024.
Business Roundtable［2019] "Business Roundtable redefines the purpose of a
　　corporation to promote 'an economy that serves all Americans,'"〈https://
　　www.businessroundtable.org/business-roundtable-redefines-the-purpose-of-

a-corporation-to-promote-an-economy-that-serves-all-americans〉（2022 年 12 月 21 日）.

Guinan, D. G. [2004] "M&A knowledge transfer and learning," In Pablo, A. L. and M. Javidan (Eds.), *Mergers and Acquisitions: Creating Integrative Knowledge*, pp.135 - 155.

Haspeslagh, P. C. and D. B. Jemison [1991] *Managing Acquisition: Creating Value Through Corporate Renewal*, New York : Macmillan.

Hayes, R. H. [1979] "The human side of acquisitions," *Management Review*, Vol.68, No.11, pp.41 - 46.

Rivette, K. G. and D. Kline [2000] "Discovering new value in intellectual property," *Harvard Business Review*, Vol.78, No.1, pp.54 - 66.

Roberts, P. W. and G. R. Dowling [2002] "Corporate reputation and sustained superior financial performance," *Strategic Management Journal*, Vol.23, No.12, pp.1077 - 1093.

NPO からソーシャルビジネスへ 第22講

1　NPO 誕生の背景
- NPO とは，政府でも企業でもない非営利・非政府の団体
- 60 〜 70 年代　社会保障の高負担，インフレの高進→行政の肥大化
  80 年代　規制緩和，民営化など市場機能重視政策への転換→ NPO に注目
- 1995 年　阪神淡路大震災以降のボランティアや草の根活動団体の活動
- 1998 年　特定非営利活動促進法（NPO 法）が成立

2　NPO の定義と役割
① NPO の定義
（1）正式な組織（formal organized）（2）非政府・民間組織（private）（3）利益を分配しない（not profit - distributing）（4）自己統治（self - governing）（5）自発的（voluntary）
② NPO の役割：政府の失敗と市場の失敗を補完
③ NPO の範囲
広義の NPO 〜一般社団法人・一般財団法人，公益社団法人・公益財団法人，社会福祉法人，宗教法人，更生保護法人，医療法人
最狭義の NPO 〜 NPO 法人
狭義の NPO 〜 NPO 法人＋法人格のない任意のボランティア団体や市民活動団体

3　NPO の特性―ミッションの追及
- NPO の活動目的〜ミッションの追及
- ミッションへの賛同者による貢献：ボランティア，会費，募金，寄付の提供
- ミッションの評価：ソーシャルインパクト

4　NPO からソーシャルビジネスへ
- 企業と NPO における社会性と経済性の収束
  - ・企業における社会性，社会価値追求：CSV，パーパス
  - ・NPO における経済性，経済価値追求
- ソーシャルビジネス
  - ・社会的課題の解決を目的として収益事業に取り組む事業体
  - ・社会的課題克服に取り組み，それを収益に変えるビジネスモデル
  - ・企業や NPO など形態は様々
- NPO からソーシャルビジネスへ

1　NPO誕生の背景

　NPO（Non-Profit Organization）*1 とは，政府でも企業でもない非営利・非政府の団体で，「非営利組織」もしくは「民間非営利組織」と訳されている。文化・芸術，教育，保健・医療，福祉，環境，災害救援，まち作り，国際協力などの社会的な課題克服を目的に運営される団体のことである。活動から得られた利益を出資者に分配しない点が特徴である。

　1960 年代から 70 年代にかけて欧米各国は福祉国家を目指したが，やがて社会保障の高負担とインフレ高進により，行政の肥大化という結果を招くこととなった。その反動から 80 年代には規制緩和や民営化といった市場機能を重視した政策への転換が図られるようになる。この政策転換によって財政赤字の克服など一定の成果を得ることはできたが，一方でそれまでの行政サービスを誰が供給するかという問題が浮上してきた。NPO はこうした時代を反映して次第に役割を高め注目されるようになってきた。企業活動に依存した資源配分も，行政に依存した政策運営にも自ずと限界があるとの認識が広がっていることが背景にある。近年の人々の価値観の多様化がさらにその傾向を強めた。

　日本において NPO が注目されるようになったのは 1990 年代以降である。バブル崩壊後の閉塞感が漂う中で，企業部門はもとより行政部門の政策的行き詰まりを打開するものとして NPO は次第に注目され始めたが，とりわけ 1995 年に起きた阪神淡路大震災とその復興過程では，ボランティアや草の根活動団体などの非営利活動が大きな役割を果たした。これが契機となり 1998 年には「特定非営利活動促進法（NPO 法）」が成立し「特定非営利活動法人（NPO 法人）」が設立できるようになった。NPO 法制定以降，少子高齢化，規制緩和，情報化など，長期の社会変化に対応する新しい公共の担い手として NPO への期待はさらに高まった。法人格を持った NPO 法人の数は急増し，2014 年には 5 万法人に達し，その後横ばいで推移している（図表 22-1）。

　また，2011 年東日本大震災の復興支援においても，NPO は機動力を活かした素早い対応と，自身の活動範囲や得意分野に特化した個別のニーズ対応で大きな役割を果たした。これを受け，NPO 法も大きく改正され 2012 年 4 月 1 日

図表 22 - 1　　NPO 法人の法人数の推移

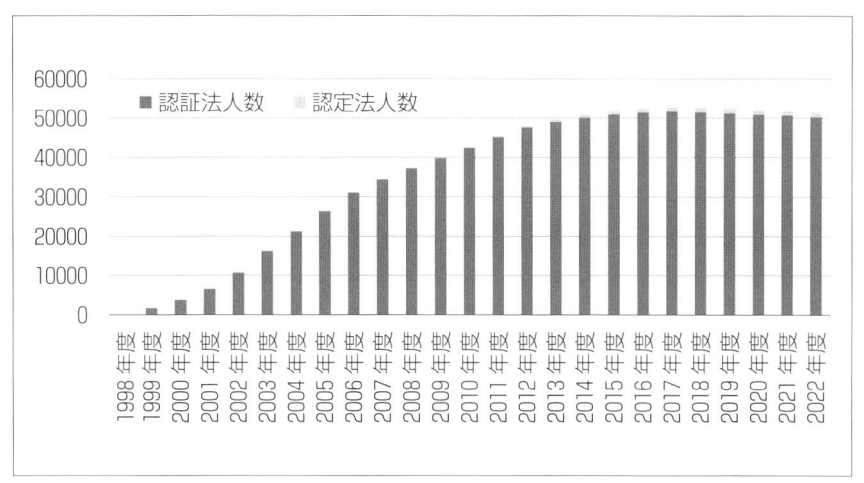

出所：内閣府「NPO ホーム ページ」〈https://www.npo-homepage.go.jp/about/toukei-info/ ninshou-seni〉（2024 年 3 月 10 日）。

から施行された。この改正により，税制上の優遇措置を受けることができる認定 NPO 法人の認定要件が大幅に緩和された。その後，認定 NPO 法人の数も増加しており，2023 年 1 月末現在で 1284 件の NPO が認定を受けている。

2　NPOの定義と役割

① NPOの定義

　NPO の定義としてよく知られているのは，ジョンズ・ホプキンス大学の非営利セクター国際比較プロジェクト（JHCNP：The Johns Hopkins Comparative Nonprofit Sector Project）で使用されているものである。JHCNP では NPO とは以下の 5 つの特徴を持つものとしている。
　(1) formal organized：制度上の登録や法人格の有無に関わらず，運営のための構造や組織としての規則と持続性を持つ，「正式な組織（formal

organized)」であること。

(2) private：政府から独立した組織，「非政府・民間組織（private）」であること。

(3) not profit‐distributing：収益活動をする場合においても，その活動によって得られた「利益を分配しない（not profit‐distributing）」こと。

(4) self‐governing：組織内に「自己を統治（self‐governing）」する機能を備えること。

(5) voluntary：会員登録や参加は法的義務や強制によらない「自発的（voluntary）」なものであること。

とりわけ，第3の「利益の非分配制約」は特記すべきである。NPOの「非営利性」とは，利益の非分配，つまり理事や出資者，経営者に利益を分配しないという意味であり，収益活動をしないという意味ではない。事業によって得た利益を分配するのが営利組織，それをせず次年度の事業に当てるのが非営利組織である。ただし，資本や労働力を提供した者はそれに見合った対価を受け取ることができ，利益非分配制約を破ることにはならない。

②　NPOの役割

NPOの果たすべき役割は市場経済システムのもとで，政府も対応できず，企業も対応できないような，多様な社会的ニーズに対応することにある。それは「政府の失敗」と「市場の失敗」という理論から説明できる。

「政府の失敗」とは，政府の脆弱性により公共財の量的供給が不可能であること，または，多様化する国民の公共財や準公共財へのニーズへの対応が不可能であることを指す。あるいは，政府がそうしたニーズに対応しようとすると非効率になってしまうことを指す。このような場合，たとえ教育や介護福祉，地域振興といった公共・準公共的なニーズであっても，市場システムに委ね，個別の営利企業にその対応を委ねる方が効率的と考えられるのである。

しかしながら，営利企業によっても多様な社会的ニーズに対応できない。なぜなら「市場の失敗」が起きるからである。市場の失敗とは，市場において情報の非対称性が存在する場合に，取引が成立しないことを指す。つまり，営利企業の提供する商品やサービスの質について消費者が企業ほど情報を持ってい

ない場合，消費者は営利企業が価格に比べ質の低い財・サービスを提供すると考える。これは営利企業には利益を最大化させようとするインセンティブが働くためである。こうして，消費者は営利企業が提供する公共・準公共サービスを購入しようとはしない。

そこで，利益非分配制約を持つ NPO であれば，消費者は利益最大化のインセンティブが小さいと判断する。消費者は NPO が提供する公共・準公共のサービスであれば対価を払って購入することになる。

以上のように，NPO は「政府の失敗」と「市場の失敗」という状況下で政府ができず企業もできない分野の社会的ニーズへの対応を担う役割を果たすことになる。

---

③ 日本におけるNPOの範囲

日本では NPO というと，次のように様々な範囲で理解されている。

まず，日本の法人制度では，営利・非営利の区分以外にも，その活動内容によって法人が区別されているので，広い意味での NPO には次のような様々な法人が含まれる。一般社団法人・一般財団法人，公益社団法人・公益財団法人，社会福祉法人，宗教法人，更生保護法人，医療法人はすべて含まれ，これらを広義の NPO とする。

しかし 1998 年 NPO 法の成立以降は，NPO というと上記の諸法人とは別に，NPO 法上の NPO 法人を指すことも多くなった。NPO 法人のみを NPO とする場合は最狭義の NPO といえる。NPO 法人は NPO 法施行以降，増加の一途をたどり，2023 年 1 月末現在 51,305 法人を数えるに至っている。

一方，NPO 法施行以降も，法人格をとらない任意のボランティア団体や市民活動団体も数多く存在している。そうした任意のボランティア団体・市民活動団体も組織としての体裁を整えていれば NPO の範囲に加えなければならない。したがって，単に「NPO」といった場合は，NPO 法人に任意のボランティア団体・市民活動団体を加えた範囲として捉えるのが妥当であろう。

3 NPOとミッション

　NPO の活動は非営利である。利益は活動の目的ではない。では何が目的であろうか。NPO の活動の目的は，それぞれの NPO が設定した，人や社会を変える長期的な「ミッション」の追及にある。NPO 研究の先駆者の一人である P. F. ドラッカーは『非営利組織の経営』の中で次のように指摘している。「NPO は一人ひとり人と社会を変える存在である。したがって考えるべきはいかなるミッションが有効であって，いかなるミッションが無効であるかである。そしてミッションは何かである[*2]」。

　また，ドラッカーは，「ミッションの価値は，正しい行動をもたらすことにある。…ミッションとは，組織に働く者全員が自らの貢献を知りうるようにするものでなければならない」とも指摘している。すなわち，各NPO に固有のミッションがあるからこそ，そのミッションの追及に賛同した人たちが，ボランティアとして活動に参加したり，会員となって会費を納入したり，支援者として募金や寄付を提供したりするのである。ミッションへの賛同者たちは，時間を犠牲にして無償の労務を提供したり，活動のための資金を提供したりすることを通して，ミッションへの貢献を果たす。

　このように，営利組織とは区別される NPO の特性は，ミッションの追及をその活動の第一の目的にしている点にある。

　ミッションの追及が活動の第一目的であるが故にマネジメントにおける困難な課題にも直面する。それは，NPO の活動の評価をいかに行うかである。営利企業であれば，その活動目的は長期利益の最大化にある。したがって，利益，とりわけ長期的な利益が企業の事業活動の成果を測定する決定的な判断基準となりうる。ところが，NPO では活動の第一目的はミッションであり，各NPO によってミッションはそれぞれ異なる。

　そこでミッションの評価の尺度として注目されるのが「ソーシャルインパクト」である。ソーシャルインパクトとは，当該事業や活動の結果として生じた，短期，長期の変化を含めた社会的，環境的なアウトカムのこと[*3]とされる。アウトカムとは組織や事業のアウトプットがもたらす変化や便益，学びやその

他の効果の総称である。アウトプットが製品やサービスなど，活動の結果や成果であるのに対し，アウトカムはその結果により起こる短期，長期の変化や効果までを含む。

4　NPOからソーシャルビジネスへ

　近年，企業と NPO の境界があいまいになりつつある。

　2008 年のリーマンショックを契機として，営利企業の経営戦略においては，M. E. ポーターと M. R. クラマー等が提唱した「CSV（Creating Share Value，共通価値の創造）」がますます重視されるようになった。「経済性」を追及する営利企業において「社会性」や「社会的価値」のための取り組みが実践されるようになった。

　2019 年 8 月，アップルやアマゾンなどの 181 人の経営トップが名を連ねる米主要企業の経営者団体，ビジネス・ラウンドテーブル（BRT）が「企業のパーパスに関する声明」を発表した。BRT はそれまで，企業のパーパスは「株主利益の実現」とする立場をとっていたが，これを改め，すべての利害関係者に対してコミットすると表明した。具体的には，顧客への価値の提供，従業員の能力開発への取り組み，サプライヤーとの公平で倫理的な関係の構築，地域社会への貢献，そして最後に株主に対する長期的利益の提供を行うこと，が明示された。これは，利害関係者へのコミットを通して社会的価値を重視するという立場の表明であると捉えることができ，巨大企業はNPOでいうところのミッションをパーパスとして重視する姿勢を示したといえ，これはコロナパンデミックを経て一層重要視されるようになっている。

　一方で，ミッションとして「社会性」を追及する NPO においても，ミッションの持続的な追及のために財政基盤をしっかり築き，効率的に事業を運営するビジネス的な要素が重視されるようになった。

　J. ブルーグマンと C. K. プラハラッドは『企業と NGO の共創モデル』において「今日の営利企業はこれまで非営利組織が目指してきた社会的価値を目指すようになり，非営利組織はこれまで営利企業が目指してきた経済的価値をも

目指すようになった結果，営利企業の内部における経済性と社会性の『収束』と非営利組織内における社会性と経済性の『収束』が進行している^{＊4}」と指摘している。

こうした中，社会的課題の解決を目的として収益事業に取り組む「ソーシャルビジネス（Social Business, Social Enterprise, Social Entrepreneurship, 社会的企業）」が注目されている。

ソーシャルビジネスとして最も有名な事例はバングラデシュのグラミン銀行である。同銀行は農村地域の女性を主な対象に非常に少額の貸付（マイクロ・クレジット）を提供する銀行で，農村の女性たちを貧困から脱却させることを目的としている。融資対象の女性たちに，自立のための道具や材料を購入するための少額の資金を提供し，またビジネスを支援し彼女らを自営業者に育て上げることで確実な返済を促し，収益面でも成功を収めた。

このように社会的課題に取り組みそれを克服する過程で利益が生まれる仕組みを創り上げる点，言い換えれば社会的課題克服に取り組み，それを収益に変えるビジネスモデルを構築する点にソーシャルビジネスの特徴がある。そして，ソーシャルビジネスは存立の形態を示す概念ではないため，企業の形態をとることもあればNPOの形態をとることもある。社会的課題解決とビジネスの両立という面では共通性のあるCSVとソーシャルビジネスを比較すると，巨大グローバル企業におけるCSVの最終的な目的が長期利益や株主価値の最大化にあるのに対し，ソーシャルビジネスはあくまでも社会的課題解決やソーシャルインパクトが目的にある点に大きな違いを見出すことができる（図表22-2）。

営利企業においてソーシャルビジネスは，CSV経営を実践して社会的価値に対して一層積極的なアプローチを展開する1つの取り組みとして，同時に，社会的課題への取り組み自体が収益を生み出す新たなビジネスチャンスとして位置づけることができよう。

NPOにおいては，社会的課題克服のための取り組みを慈善やボランティアだけでなく，それが収益ベースでも成り立つような仕組みを創出すること，さらには営利企業と競合する市場でも十分に通用するような競争力のある事業にその水準を高めていくことが求められるようになってきた。どのような組織を

<table>
<tr><td>図表 22 - 2</td><td colspan="2">CSV とソーシャルビジネス</td></tr>
</table>

	CSV	ソーシャルビジネス
共通点	社会的課題解決とビジネスの両立	
目的	長期利益， 株主価値最大化	社会的課題解決， ソーシャルインパクト
手段	社会的課題に取り組む	ビジネスの手法
意思決定 のレベル	理念，戦略，競争優位	ビジネスモデルの構築
規模	巨大・グローバル	小規模・局地的
組織形態	パブリックカンパニー	NPO・会社など多様な形態
代表的企業	ネスレ，GE， サントリー，伊藤園	グラミン銀行，彩（いろどり），ボー ダレスグループ

出所：筆者作成。

選択すべきかという論点ばかりではなく，社会的課題を克服するために継続的に事業を行うにはどのように運営，経営すべきかという点にも関心が集まるようになってきた。今後，NPO の事業性，ビジネス的な側面はさらに関心を集めるであろう。このことを反映して，いま，「NPO からソーシャルビジネスへ」という大きな変化が起きている。

注

* 1　非営利組織は NGO（Non‐Governmental Organization）と呼ばれることがある。NGO は，政治学的な側面に焦点をあてた用語であり，国連憲章にも謳われて以来，一般に国際会議などで民間団体を指すときに使用される名称である。一方，NPO は社会・経済学的な側面に焦点をあてた用語である。日本国内では NPO と呼ばれていても，国際的な活動の場では NGO として扱われることがある。
* 2　ドラッカー［2007］。
* 3　三菱 UFJ リサーチ＆コンサルティング株式会社［2016］。
* 4　ブルーグマン＆プラハラッド［2008］。

参考文献

「エクセレント NPO」をめざそう市民会議編［2010］『「エクセレント NPO」の評価基準』言論 NPO。

粉川一郎著，特定非営利活動法人コミュニティ・シンクタンク「評価みえ」監修

　　［2011］『社会を変える NPO 評価』北樹出版。

ドラッカー，P. F.（上田惇生訳）［2007］『非営利組織の経営』ダイヤモンド社。

内閣府「NPO ホームページ」〈https://www.npo-homepage.go.jp/about/npodata/kihon_1.html〉（2015 年 1 月 15 日）。

ブルーグマン，J. & C. K. プラハラッド［2008］「企業と NGO の共創モデル」『ハーバードビジネスレビュー 2008 年 1 月号』ダイヤモンド社。

ポーター，M. E. & M. R. クラマー［2011］「共通価値の戦略」『ハーバードビジネスレビュー 2011 年 6 月号』ダイヤモンド社。

三菱 UFJ リサーチ&コンサルティング株式会社［2016］「社会的インパクト評価に関する調査研究　最終報告書」（内閣府委託調査），3 月。

山内直人・田中敬文・奥山尚子編［2010］『NPO 白書 2010』大阪大学大学院国際公共政策研究科 NPO 研究情報センター。

ベネフィットコーポレーション（公益企業）

---

1 ベネフィットコーポレーション（公益企業）とその誕生の背景

①ベネフィットコーポレーションとは何か
  →事業の目的に公益を位置づける新しい企業形態。利益を追求するばかりでなく，環境問題などの社会課題に取り組み社会貢献を果たすという企業
②米国のベネフィットコーポレーション
  →州の法律で定める企業形態と認証制度に基づく形態の2つがある
③ベネフィットコーポレーションのメリットとデメリット
④ベネフィットコーポレーションが誕生した背景
  →株主第一主義からステークホルダーに配慮した経営への転換

---

2 米国におけるベネフィットコーポレーション

①ベネフィットコーポレーションの企業例
  ワービーパーカー（WARBY PARKER）
  パタゴニア（Patagonia）
②ベネフィットコーポレーションの課題
  →上場した場合に株主第一主義ではない点で市場の圧力にさらされること

---

3 日本におけるベネフィットコーポレーション（公益企業）の展開

①日本におけるベネフィットコーポレーションの展開への示唆
  →日本企業はもともと公益性の強い側面もあり，ベネフィットコーポレーションが発展する可能性はある
②まとめ　ベネフィットコーポレーション（公益企業）に期待すること
  →公益を重視したサステナブル（持続可能）な企業活動を行っていき，それを通してサステナブルな社会を作っていくこと

1 ベネフィットコーポレーション（公益企業）とその誕生の背景 *1

① ベネフィットコーポレーションとは何か

　ベネフィットコーポレーションとは，事業の目的に公益を位置づける新しい企業形態で，利益を追求するばかりでなく，環境問題などの社会課題に取り組み社会貢献を果たすという企業である。米国で発展しており，営利法人にも非営利法人にも該当しない，営利企業が公益実現も追及する新しい法人形態である。この新しい企業形態は株主・従業員・取引先・消費者などのステークホルダー（利害関係者）への貢献に加え，社会の課題解決を事業の目的の1つとし，定款にその旨を入れ，取締役がその遂行の義務を負う。日本政府が進める政策である「新しい資本主義」の中で，民間で公的な役割を目的とする新たな法人形態の導入を検討しているが，その参考にしようとしているのが，この米国のベネフィットコーポレーションである。米国以外では，イタリアが2015年，スペインが2022年にベネフィットコーポレーションの法制度を成立させている。

　以下，米国のベネフィットコーポレーションについて考察していくこととする。なおこのような企業形態についてはまだ日本にはなく，名称も定まっていないため，本講ではベネフィットコーポレーション（公益企業）という呼び方とする。

② 米国のベネフィットコーポレーション

　米国のベネフィットコーポレーションには，2つの形態がある。ベネフィットコーポレーションという州の法律で定める企業形態と，BコーポレーションというNPO（非営利組織）であるB Labが認証する認証制度に基づく形態の2つである。その各々について概要を以下で述べる。なお企業の事例については，次節で述べる。

（1）ベネフィットコーポレーション

米国でのベネフィットコーポレーションの法律は最初に 2010 年にメリーランド州で制定され，その後各州で法制化の動きが続いた。ベネフィットコーポレーションは，37 州で法制化されており，4 州で審議中だが，7 割以上の州で法整備が進んでいる（2021 年 10 月時点）。2010 年 10 月から 2017 年 12 月までの間に，7,704 社のベネフィットコーポレーションが設立，または株式会社等から移行しているとされる[*2]。ベネフィットコーポレーションへの投資額も増えてきている。

米国の会社法は州法であるので，会社法で定められるベネフィットコーポレーションの形態も州ごとに異なる。その中で，モデル法に基づき設立されている企業とデラウェア州の法制度に基づき設立されている企業があり，ベネフィットコーポレーションはこの 2 つの系統に大別される。デラウェア州以外の多くの州では，モデル法に基づいた法整備がなされている。ほとんどのベネフィットコーポレーションは非公開企業であり，公開企業のベネフィットコーポレーションは少ない。

（2）B コーポレーション

B コーポレーションは，ペンシルベニア州の NPO である B Lab が認証する企業のことである。2006 年から始まった認証制度で，B コーポレーションになるには B Lab のアセスメントを受け合格する必要があり，ガバナンス，従

| 図表 23 - 1 | シグマクシス・ホールディングスと B コーポレーション認証マーク |

出所：シグマクシス・ホールディングスプレスリリース（2022 年 2 月 7 日）。

業員，環境，コミュニティ，顧客の5分野の質問に答える。認証されるとB
の文字をあしらった認証マークを使うことが許され，企業はそれをブランディ
ングや人材の採用に生かす。認証を受けるには，米国企業でなくてもよく，
2023年9月時点で，92か国において7,508社が取得している。日本企業では，
シグマクシス・ホールディングスやクラダシなどの上場企業を含む31社が認
証を取得している（2023年9月時点）。

　なお上述した2つの形態，すなわちベネフィットコーポレーションとBコー
ポレーションの両方とも持つ企業もある。こうした広がりは「Bムーブメント」
とも総称され，企業の流れの1つとして将来はより広がりを持つだろうとされ
ている。

③　ベネフィットコーポレーションのメリットとデメリット[3]

　メリットは，ベネフィットコーポレーションという法人格を取得することで
企業が公共性のある活動を行うことが法的に認められること，社会的意識が高
いことを示すことにより組織のブランディングにつなげられること，社会的責
任を果たそうとする企業に対する投資額が増えておりその資金を呼び込める可
能性があることなどである。

　デメリットは，ベネフィットレポートなど報告を行うための作業は企業に
とって負荷がかかること，会社のミッションを維持できる法的メカニズムは役
立つ一方，会社の方向転換を行いたい場合は自由度が低くなることなどである。

④　ベネフィットコーポレーションが誕生した背景

　ここでなぜ米国でベネフィットコーポレーションが誕生したかを考察する。
　米国の株式会社では，州の会社法上の取締役の義務として，株主利益の最大
化を第一とする考え方（株主第一主義）が長らく強かった。これは1930年代
のバーリ（A. A. Barle, Jr.）とドッド（E. M. Dodd）の論争[4]にさかのぼると
いわれる。会社は株主以外の社会的利益に対して，受託者としての義務と責任
を負うかについて，バーリとドッド間で論争が行われた。
　バーリは，株式会社の所有と経営の分離を前提として，会社経営者は株主の
利益のために経営すべきであると主張した。いわゆる株主第一主義である。こ

れに対し，ドッドは，会社経営者が株主の利益だけでなく従業員・消費者および一般公衆の利益をも考慮することが長期的には株主の利益を増大させることを主張し，このような者に対する社会的責任の観念が経営者のとる適切な態度であると説いた。今でいうステークホルダー経営である。

その後の米国では，1970 年代に経済学者のミルトン・フリードマン（Milton Friedman）が，企業の唯一の目的は株主価値を最大化することであると唱えるなど，バーリの考えの方が主流となっていった。

その中，近年貧富の差が広がり株主第一主義の弊害が見えてきた。2019 年に米国の主要企業の経営者をメンバーとするビジネスラウンドテーブルは，会社はすべてのステークホルダーのためにあるとして株主第一主義を修正した。ステークホルダー経営への転換である。

またこの流れの中で社会課題の解決を中心に，企業が事業を通じて社会に貢献していくことが求められるようになった。その変遷としては，まず CSR（Corporate Social Responsibility，企業が果たすべき社会的責任）が登場し，次いでポーター（Michael E. Porter）が提唱した CSV（Creating Shared Value，共通価値創造と訳され，企業が経済的価値と社会的価値を同時実現する共通価値の戦略のこと）の概念が出てきた。次いで財務情報のみでなく非財務情報を入れた統合報告書が求められるようになり（どのような社会貢献をしているかをここで書くことができる），国連で 2015 年に採択された SDGs（Sustainable Development Goals，持続可能な開発目標）の実行が企業にも要請されてきた。

SDGs とは持続可能な社会（サステナブルな社会）を作るために世界各国が協力して 2030 年を目標に行っていくもので，企業もサステナブルな経営を目指しサステナブルな社会を作っていくための貢献を求められている。そのために，利益を追い経済価値を高める活動とともに社会貢献をして社会価値の増大を図る経営が求められるようになってきた[*5]。

この株主第一主義からステークホルダーに配慮した経営への転換，サステナブルな経営をしていくという大きな流れの変化が，ベネフィットコーポレーションが登場してきた背景にある。つまりこのような時代の流れから，公益を定款にうたい公益を重視した経営をする企業が求められるようになったのであ

る。言い換えると，ベネフィットコーポレーションはステークホルダー資本主義的な価値観を組織形態として実現したものともいえる。

2 米国におけるベネフィットコーポレーション

① ベネフィットコーポレーションの企業例

ここでは，米国におけるベネフィットコーポレーションの以下の2企業を見ていく。

(1) ワービーパーカー（WARBY PARKER）[6]

ワービーパーカーは，手ごろな値段で品質の良いメガネを売る会社で，顧客がメガネを1つ買うたびに，メガネが必要なのに経済的に恵まれないために購入できない人に1つメガネを無償または格安で提供する活動をしており，メガネ販売で社会課題解決を図ろうとしている。届けたメガネ数は800万に及ぶ。ワービーパーカーのメガネは若い人に人気がある。ミレニアル世代（1981年～1996年生まれ）の特徴の1つはソーシャルグッド（地球環境などの社会に対して良いインパクトを与える活動や製品，サービスの総称）が好まれること

図表23-2　本講で取り上げる2企業

	会社名	創始者	事業内容	目的とする公益
企業例1	ワービーパーカー（Warby Parker）	ブルーメンソール，ギルボア	メガネの製造・販売	視力と目の健康に役立つ製品，サービスを世に送り出し，地域に前向きなインパクトを与える
企業例2	パタゴニア（Patagonia）	シュイナード	アウトドア用品の製造・販売	自社の活動を通じて環境保護を行う

出所：筆者作成。

にあるといわれ，ワービーパーカーでメガネを買うことが社会貢献につながることは，購入する理由を後押しすることになると思われる。ベネフィットコーポレーションとして追う公益は，視力と目の健康に役立つ製品，サービスを世に送り出し，地域に前向きなインパクトを与えることであり，上場もしている。なおワービーパーカーは，ベネフィットコーポレーションでありＢコーポレーションでもある。

(2) パタゴニア（Patagonia）[7]

パタゴニアはアウトドア用品大手で，「故郷である地球を救うためにビジネスを営む」を掲げ，環境保護の活動を行っている企業である。具体的には，（ⅰ）お客様が購入した製品を修理等を重ね長く使ってもらい，修理が不可能になったらリサイクルに出す（ⅱ）売上の1％を世界中の環境団体に寄付する（ⅲ）環境再生型農業を行う（ⅳ）再生可能エネルギーの拡大を目指す，などの活動を行っている。ワービーパーカーと同じくベネフィットコーポレーションでありＢコーポレーションでもある。2022年9月には環境危機に対する資金を増やすため，会社の所有形態の見直しを表明し，創業家が持つパタゴニア全株を新設の信託と非営利団体に寄付し，創業家への配当をなくして環境保護に回すこととした。上場も選択肢だったが，創業者であるシュイナード氏はその選択をしなかった。長期的な活力や責任より短期の利益を優先する市場の圧力にさらされるとの理由からだった。

② ベネフィットコーポレーションの課題[8]

課題として出されるのが，上場した場合に株主第一主義ではない点である。ベネフィットコーポレーションは，事業の目的に公益を位置づけているため，株主価値の最大化を絶対視しないと宣言している企業ともいえ，その点で市場の圧力にさらされることが課題とされる。現にベネフィットコーポレーションで上場している企業はまだ少ない。ただし上場することは，上場を含む資金調達を駆使し大規模に課題を解決していく，またそういう起業家を生むという時代の要請には合っていると思われ，上場を果たしていくことには大きな意味がある。

　ただしパタゴニアのように，上場できる規模になっていると思われる企業が上場を選ばない事例もある。しかし，価値10億ドル以上の未上場企業で，環境や教育などの問題に取り組むインパクト・ユニコーン[9]も世界には多くあるといわれる（パタゴニアの2021年度の売上高は独社の推計で10億ドル）。株式上場を選ばなくても，経済価値と社会価値の増大を同時に図っていけることを示せれば，投資家を引き寄せられると考えられ，上場を選ばない選択も十分に意味がある。

　他の課題としては，第1節のベネフィットコーポレーションのデメリットで述べたように，会社のミッションを維持できる法的メカニズムは役立つ一方，会社の方向転換を行いたい場合は自由度が低くなることなどがある。

3　日本におけるベネフィットコーポレーション（公益企業）の展開

①　日本におけるベネフィットコーポレーションの展開への示唆[10]

　第2節で見てきた米国のベネフィットコーポレーションについて，米国のベネフィットコーポレーション法を参考に日本でも定款に公益を掲げた公益重視型企業の法を検討していくということが，日本政府が進める政策である「新しい資本主義」の実行計画で出されているが，日本でベネフィットコーポレーションを展開していくことへの示唆はどうであろうか。政府はベネフィットコーポレーションと同じく企業の定款に社会的課題の解決に取り組む考えを明記し，一般株式会社と異なる法人形態として登記する案を検討している。

　ここで考えるのは，日本企業はもともと株主第一主義の考えはそれほど強くなく，公益性の強い側面もあるということである。古くは近江商人の経営哲学「三方良し」（「売り手良し・買い手良し・世間良し」商売においては売り手と買い手が満足するのは当然のことだが，社会に貢献できてこそ良い商売といえるというもの）があり，近年コーポレートガバナンス・コード[11]には，「株主以外のステークホルダーとの適切な協働」が基本原則に明記されるなど公益重視が強まってきている。また第1節で述べたように日本の上場企業で2社が

米国の B コーポレーションの認証を受けているが，多くの日本の大企業が採用している非財務情報開示の枠組み GRI（グローバル・リポーティング・イニシアチブ[*12]）は，B コーポレーションのアセスメントと親和性があるとされている。B コーポレーションの認証について，日本でも認証企業は徐々に増えてきている。

　また日本の上場企業には，ユーグレナのように SDGs のすべての項目に対応することを定款に盛り込んでいる企業もある[*13]。このように日本の現在の法律のままでも，ベネフィットコーポレーション的なものは作れる（ただし企業が公共性のある活動を行うことについて，法的に担保されているのではないことには留意）。

　ユーグレナは，もともと出雲社長がバングラデシュに行き，満足に栄養がとれない貧困の人々を救うにはどうすればよいかと考えたことから起業したスタートアップで，社会に良いことと会社の成長が重なり合う手法を編み出し，収益性と社会性の両立を目指してきた企業である。つまり内容的には，ベネフィットコーポレーションといっておかしくないものである。出雲社長は 2025 年には，15 ～ 64 歳の生産年齢人口の過半をミレニアル世代（1981 年～ 1996 年生まれ）とそれに続く Z 世代（1997 年～ 2010 年代序盤生まれ）が占めるようになり，その世代は社会課題への意識が高いといわれる世代なので，収益性と社会性の両立を目指す経営が重要になってくると考えている。

　米国でベネフィットコーポレーションが誕生した背景で述べたように，利益を追い経済価値を高める活動とともに社会貢献をして社会価値の増大を図る経営が求められてくるということである。また ESG 投資が増えてきている現状もある。さらに近時は，アクティビスト（物言う株主）からの企業防衛を行う弁護士や，セブン＆アイによるファンドへのそごう・西武売却騒動に関連して新聞が，それぞれ行き過ぎた株主第一主義に対してのベネフィットコーポレーションの必要性について言及するといった動きも出てきている[*14]。

　以上のことから，米国のベネフィットコーポレーションの日本における展開への示唆を考えていくと，日本ではベネフィットコーポレーションが発展する可能性はある。ただし，新法人形態を作ることはハードルが高いといわれている点には留意する必要がある。

②　まとめ　ベネフィットコーポレーション（公益企業）に期待すること

　本講の第1節で考察した株主第一主義からステークホルダー経営への転換，そこからベネフィットコーポレーションが誕生したこと，これは資本主義の新たな方向性の1つを示すものと考えられる。今後は，日本版ベネフィットコーポレーションまたは企業形態は異なっても公益を重視した活動をする企業が社会課題の解決を行い，公益を重視したサステナブル（持続可能）な企業活動を行っていき，それを通してサステナブルな社会を作っていくこと，より良い社会を作っていくことが求められる。その意味でもこのベネフィットコーポレーションの持つ意義は大きく，日本社会で受け入れられ発展していけば大変有意義なことと思われる。

　また新法人形態を作ることのハードルが高ければ，まずBコーポレーションの認証を取得することを優先していくことも一考に値する。つまりベネフィットコーポレーションのような考え方が広まっていくことに意義があり，これが資本主義における企業形態の新しい形，あるいは企業が目指していく姿の1つともいえるのではないかと考える。その意味で今後のベネフィットコーポレーションの動きに注目していきたい。

注

* ＊1　本講は，菅井徹郎［2023］「第9章 ベネフィットコーポレーション（公益企業）について」境　睦・鳥居陽介・徐　玉琴編著『DXと人的資本』117-127頁，税務経理協会を加筆・修正したものである。
　　　この節は，内閣官房［2022］，B Lab HP，小平［2022］，社会変革推進財団［2023］参照。
* ＊2　前掲 内閣官房［2022］25頁，基礎資料集41-42頁より。
* ＊3　前掲 社会変革推進財団［2023］11-12頁より。
* ＊4　畠田ほか［2022］8-9頁より。
* ＊5　この営業価値のみでなく社会的価値の増大を図る経営が企業には必要という点については，坂本恒夫明治大学名誉教授も著書で述べている（林　幸治編著，日本中小企業・ベンチャービジネスコンソーシアム著［2021］『新中小企業論』文眞堂，3-4頁）。
* ＊6　日経電子版［2021b］参照。
* ＊7　世の企業の真逆を行くパタゴニアが実践するサステナビリティ経営〈https://www.ungcjn.org/sdgs/archive/1801_patagonia.html〉（2022年10月31日）参照。

＊8　この項は，日本経済新聞［2022］参照。
＊9　評価額が10億ドルを超える未上場のスタートアップ企業（ユニコーン企業）
　　　で，かつ社会課題解決を目的に活動している企業を指す。
＊10　日経ヴェリタスセレクト［2022］参照。
＊11　コーポレートガバナンスとは，会社が株主をはじめ顧客・従業員・地域社
　　　会等の立場を踏まえた上で，透明・公正かつ迅速・果断な意思決定を行うた
　　　めの仕組みを意味し，コーポレートガバナンス・コードは実効的なコーポレー
　　　トガバナンスの実現に資する主要な原則を取りまとめたもの（東京証券取引
　　　所［2021］参照）。
＊12　GRIとは国際的な非営利団体でスタンダードを発行しており，報告主体が
　　　経済，環境，社会に与えるインパクトを報告し持続可能な発展への貢献を説
　　　明するためのフレームワークを提供している。
＊13　日経電子版［2021a］，ユーグレナHP，菅井［2020］213 - 222頁参照。
＊14　朝日新聞デジタル［2023］，日本経済新聞［2023］。

参考文献

朝日新聞デジタル［2023］「（いま聞く）太田洋さん 弁護士 厳しい株主要求，会社
　　守るには」2023年7月28日。
小平龍四郎［2022］「『新しい資本主義』の目玉『パブリック・ベネフィット・コー
　　ポレーション』を日本に根付かせる必須条件」フォーサイト（新潮社）〈https://
　　www.fsight.jp/〉（2022年6月27日）。
境　　睦・鳥居陽介・徐　玉琴編著［2023］『DXと人的資本』税務経理協会。
社会変革推進財団（委託先：日本総合研究所）［2023］「ベネフィットコーポレーショ
　　ン等に関する調査 最終報告書」（2023年3月）〈https://www.siif.or.jp/wp-
　　content/uploads/2023/03/PBC_research_final.pdf〉（2023年8月23日）。
菅井徹郎［2020］「第18講㈱ユーグレナ」坂本恒夫・鳥居陽介編著，日本中小企業・
　　ベンチャービジネスコンソーシアム著『新ベンチャービジネス論』税務経理
　　協会。
東京証券取引所［2021］「コーポレートガバナンス・コード」〈https://www.jpx.
　　co.jp/equities/listing/cg/tvdivq0000008jdy-att/nlsgeu000005lnul.pdf〉（2021
　　年6月11日）。
内閣官房［2022］「新しい資本主義のグランドデザイン及び実行計画」（令和4年6
　　月7日）および「基礎資料集」〈https://www.cas.go.jp/〉（2022年6月29日）。
日経ヴェリタスセレクト［2022］「公益重視『B』のうねり，日本企業にも 土壌す
　　でに」2022年5月28日。
日経電子版［2021a］「なぜユーグレナは会社か」2021年7月29日。
日経電子版［2021b］「サステナ起業家のクールス 株主が『絶対』ではない経営」
　　2021年11月26日。
日本経済新聞［2022］「『パタゴニアの次』への号砲」2022年10月29日。
日本経済新聞［2023］「セブン＆アイの誤算 ステークホルダー経営，高い壁」2023
　　年9月1日。
パタゴニアHP〈https://www.patagonia.com/our-footprint/〉（2022年11月19日）。
畠田公明・前越俊之・嘉村雄司・後藤浩士［2022］『新版 商法総論・会社法総則』
　　中央経済社。

B Lab HP 〈https://www.bcorporation.net/en-us/〉（2022 年 6 月 29 日）。

ユーグレナ HP 〈https://www.euglena.jp〉（2022 年 10 月 31 日）。

ワービーパーカー HP 〈https://www.warbyparker.com/history〉（2022 年 11 月 12 日）。

企業と地域経済

1 地域が抱える課題とその解決に向けた取り組み

①日本全体の課題：人口減少・少子高齢化，経済構造の変化，インフラの老朽化・自然災害リスクの増大

・人口減少が，地方の企業の後継者不足や市場規模の縮小などを引き起こす

②東京圏と地方の格差の拡大

・地方銀行の預貸率は，上昇傾向にあるものの，依然として都市圏との差が存在

③地方創生を推進する主な主体：地域事業者，地域金融機関，地方公共団体

2 「地域企業」という捉え方

①地域に所在する企業を，企業規模を基準とした分類とせず，地域とのつながりに注目

3 地域通貨を活用した，価値を循環させるシステムの構築

①地域通貨：特定の地域やコミュニティで利用することを目指した通貨

・地域で生み出された資金を地域で循環＋地域外からの資金を流入

②飛騨信用組合が手掛ける，「さるぼぼコイン」（岐阜県高山市・飛騨市・白川村）の事例

1　地域が抱える課題とその解決に向けた取り組み

　日本の人口は，出生率の減少と死亡率の増加を背景として，2008年をピークに減少局面に入り，2020年10月1日時点の総人口は1億2,750万8千人と10年連続の減少となり，生産年齢人口が2015年から2020年までの5年間で279万人減少している（2020年の生産年齢人口は7,449万人）。その一方，65歳以上の人口が2020年同時点で3,619万1千人と，総人口に占める割合は28.8％となっている[*1]。

　この人口減少の中にあって，東京圏の転入超過は続いている。新型コロナウイルス感染拡大によって一時的に転入超過数は減少したものの，その収束とともに超過率は再上昇している。2023年の東京圏は，12万6,515人の転入超過で，前年に比べ2万6,996人の拡大となっている[*2]。

　日本全体の課題として，このような①人口減少・少子高齢化に加え，②経済構造の変化，③インフラの老朽化・自然災害リスクの増大が挙げられる。これらが地域社会に及ぼす影響として，①に関しては，生産年齢人口の減少や地域の企業の後継者不足，地域の市場規模が縮小しビジネスとしての採算確保が困難になること，社会保障等に係る地方公共団体の事務負担等の増大などが，②に関しては，生産拠点の海外移転等が進行することによる地域産業の雇用減少，地域の市場規模縮小などが，③に関しては，公共交通機関の維持が困難になり生活の足の確保が困難になること，老朽化したインフラの更改コストが地方財政の重荷になること，などが挙げられている[*3]。今般の新型コロナウイルス感染症拡大も③に関連するものと捉えられる。

　東京圏と地域との格差については，地方銀行の預貸率を見ても把握することができる。預貸率とは，金融機関の預金に対する貸出金の比率を示す指標であり，数値が高いほど融資が活発，低いほど融資していないことを示している。2023年度の預貸率は，全国平均で53.88％，比率が高い県では愛媛（83.12％），福岡（76.99％），広島（73.91％）と続く。東京は70.55％で全国6位，最下位は奈良県の35.65％である[*4]。2023年11月時点で，全国地方銀行協会加盟の地方銀行の預貸率は77.8％，第二地方銀行は80.3％と，アフターコロナの経済

再開に伴う資金需要が地方でも拡大しているという報道もあるが[*5]，全国平均と東京の単純比較で見ると，東京圏と地方の預貸率にはいまだ差があるといえよう。

　このような地域の課題を克服するために，例えば内閣官房デジタル田園都市国家構想実現会議事務局・内閣府地方創生推進事務局は，「まち・ひと・しごと創生総合戦略」を策定し，政策の方向として，「将来にわたって『活力ある地域社会』の実現と『東京圏への一極集中』の是正」を目指し，「①稼ぐ地域をつくるとともに，安心して働けるようにする」，「②地方とのつながりを築き，地方への新しいひとの流れをつくる」，「③結婚・出産・子育ての希望をかなえる」，「④ひとが集う，安心して暮らすことができる魅力的な地域をつくる」という4つの基本目標と，「①多様な人材の活躍を推進する」，「②新しい時代の流れを力にする」という2つの横断的目標を掲げ，施策を推進することとしている[*6]。

　また，地方創生SDGs金融調査・研究会は，地方創生SDGs金融を通じた自律的好循環の形成を提案しており，図表24-1が，同会が提示しているその全体像である。ここで，SDGsを原動力とした地方創生を「地方創生SDGs」，地域金融機関と地方公共団体が協議して地域事業者を支援し，地方創生SDGsを後押しする取り組みを「地方創生SDGs金融」と呼び，地域金融機関，地方公共団体が緊密に連携し，地域事業者を支援しながら地方創生SDGsを推進することで，地域課題の解決，地域における新たな付加価値を創出させることを目指している。地域事業者が生み出した収益は再投資や従業員への分配に充て，事業者はさらなる拡大へ，従業員は日々の消費活動を通じて地域内の循環を促進させる。地方公共団体に対しては税収として分配され，さらなる行政サービスや地域価値向上に活用される原資となる。地域金融機関は，その取り組みが収益向上に結びつくことに加え，地域の企業が発展することで，将来的な顧客の創出にもつながるのである[*7]。

　このように，地域経済を活発にするためには，地方公共団体，地域に所在する企業，地方の金融機関などが連携していく必要がある。以降では，各主体のうち，地域事業者の捉え方を変えた京都市の事例と，地域通貨を用いて地域で生み出された資金を域外に流出させることなく地域で循環させている飛騨信用

図表 24 - 1　自律的好循環の全体像

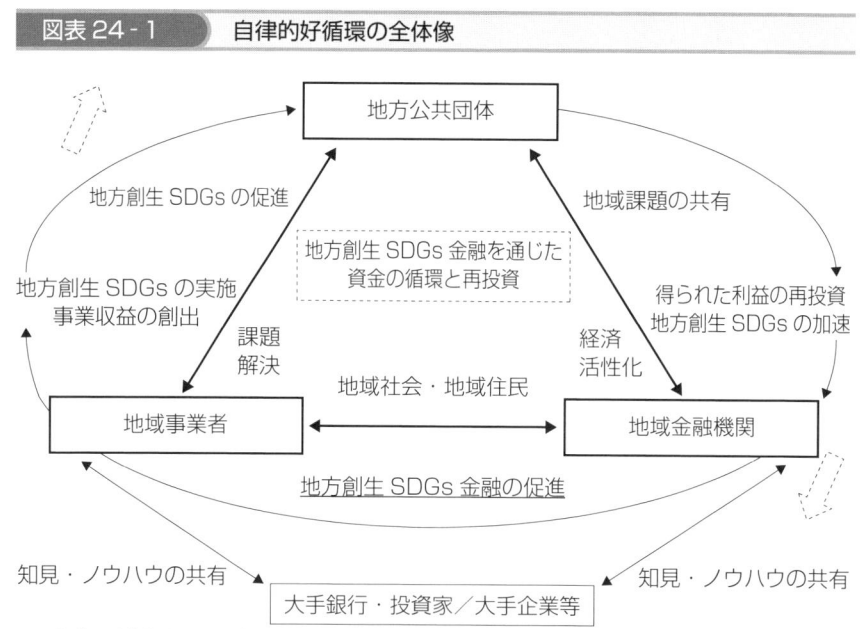

出所：地方創生 SDGs 金融調査・研究会［2024］12 頁をもとに筆者作成。

組合の事例を紹介する。

2　「地域企業」という捉え方

　一般的に，中小企業の地域社会との関わりは，大企業よりも密接である。日立市（日立製作所）や豊田市（トヨタ自動車）といった企業城下町と呼ばれる都市は，1次，2次，3次下請産業やその関連産業まで含め，多数の中小企業で構成されている。こうした地域の産業には，伝統産業だけでなく，情報関連産業なども含まれる。例えば，旅館・ホテル，土産屋等の観光業者の場合は地元の生活者というよりも外からの顧客への商売を中心としている企業が多いが，地域の工業は主として地域外に製品を出荷することで地元に雇用や所得を創出しており，中小の商業サービス業の場合は主として域外からの商品とサービスを提供することで地域の生活を向上させている[8]。

一．自助努力や各企業の連携・融合により社業の持続的発展を追求する。
一．生活文化の継承，安心安全，地域コミュニティの活性化に貢献する。
一．働きがいや社会に貢献する喜びを大切にし，若者をはじめ多様な担い手の活躍を
　　支援する。
一．受け継いできた文化や知恵，技術を学び，新たな価値の創造に挑戦する。
一．森や水の恵みを活かし，暮らしを支える豊かな自然環境の保全に寄与する。

出所：「京都・地域企業応援プロジェクト」〈https://community-based-companies.kyoto/〉（2024
　　年 3 月 23 日）。

　このように，地域に所在する中小企業は，その地域の生活利便性向上や経済
活性化に寄与する存在である。しかし，地域経済に貢献する企業は，中小企業
だけではない。これまで，中小企業は中小企業基本法のような政策対象のため
の基準による規模の概念だけで分類されていた。しかし，地域経済の発展の担
い手を議論するにあたって，規模での分類は相応しくない[9]。そこで，地域に
所在する企業を，企業規模を基準とした分類とせず，地域とのつながりに注目
する動きがある。それが京都市・地域企業宣言である。ここには，地域経済の
発展を考えた時に，大企業・中小企業という区別ではなく，地域という視点か
ら規模に関係なく地元の企業が何かを生み出せるのではないか，という期待が
込められている[10]。地域で事業活動を行うこのような地域企業が，地域活性
化に果たす役割は極めて大きい。

3　地域通貨を活用した,価値を循環させるシステムの構築

　前述のように，日本全体での人口減少と地域からの人口流出が，地域を支え
る企業（特に中小企業）の後継者難を引き起こしており，さらには資金が地域
から流出し，人材・資金の両面において大都市圏に集中する現象が見られる。
この問題を解決するための考え方として,「市場機能による調整」ではなく「人
間の意思による調整」を基本とし，①個々人や個別企業の自立化とパフォーマ
ンスの向上，②生じた価値を循環させるシステムの構築，③価値を生み出す地

域独自の仕組み作り，が指摘されている[*11]。

　ここで重要な点は，地域外からいかに資金を流入させるかを検討しながら，地域で生み出された資金を域外に流出させることなく地域で循環させることである。その1つの手法として考えられるのが，「地域通貨」の活用である[*12]。

　地域通貨とは，特定の地域やコミュニティで利用することを目指した通貨のことであり[*13]，地域通貨の特徴として，①地域の自治会，商店街組合等や市民団体等が発行し，②利用地域が限定され，③当該地域の中でサービスや財を交換するときに使われる，の3点が挙げられる[*14]。日本においても，1999年に地域振興券という形で交付されたが，印刷・配布・保管等にかかるコストが大きいというデメリットが大きかった。しかし，近年のフィンテックの発展に伴い，QRコード決済などのキャッシュレス決済が普及することで，デジタルでの地域通貨が活用されるようになっている[*15]。

　地域通貨の具体例としては，「さるぼぼコイン」（岐阜県高山市・飛騨市・白川村），「ほろか」（広島県東城町・電子マネー機能付きポイントカード）などが挙げられる。「さるぼぼコイン」は，飛騨地域限定の電子地域通貨であり，同地域に所在する飛騨信用組合が運営している。一般のQRコードを活用した決済の多くは，決済額の3%前後が手数料として差し引かれるが，さるぼぼコインは導入時の手数料も決済手数料もゼロとしている。顧客がコインで決済すると店舗にそのコインが蓄積され，店舗が貯まったコインを現金に戻す際に，約1.5%という比較的抑えられた交換手数料を支払う。このように地元の事業者の負担をできるだけ軽減させることで導入のハードルを下げ，加入店舗は2021年3月末時点で1,548店舗，利用者は2万1,000人，累計決済額は33億円，類型利用数は96万5,000件となり，主に地元の顧客が地元の店舗で使用するという，マネーの地産地消が根づいている[*16]。この飛騨地域には白川郷もあり，観光客にも使用してもらえば，さらに入ってきたお金を地元に還元させることができる。さるぼぼコインでしか買えない商品・サービスも拡大しており，同地域での存在感は増している。

　現状では，チャージの際にプレミアムポイントが付与されるのが飛騨信用金庫からだけであり，使用者の利便性を考えると他金融機関への拡大が求められるものの，同組合が相応の費用をかけて作りこんだものを簡単に開放すること

は難しく，この点においても行政とのさらなる連携が課題となる。

注

* 1 内閣官房まち・ひと・しごと創生本部事務局・内閣府地方創生推進事務局 ［2021］8 頁。
* 2 総務省統計局［2024］。
* 3 総務省［2023］。
* 4 日本銀行調査統計局［2023］。
* 5 日本経済新聞［2024］。
* 6 詳細については，内閣官房まち・ひと・しごと創生本部事務局・内閣府地方 創生推進事務局［2021］35 - 85 頁を参照のこと。
* 7 地方創生 SDGs 金融調査・研究会［2024］8 - 12 頁。
* 8 清成ほか［1996］131 - 132 頁。
* 9 林［2021］19 頁。
* 10 同上書，14 頁。
* 11 大坂［2015］269 - 272 頁。
* 12 同上書，273 - 275 頁。
* 13 青柳［2023］。
* 14 内閣府［2010］。
* 15 内田［2024］。
* 16 日本経済新聞［2021］。2024 年 5 月時点では，飛騨地域の約 2,000 店舗が加 盟店となっている（飛騨信用金庫（さるぼぼコイン）ホームページ〈https:// www.hidashin.co.jp/coin/〉）。

参考文献

青柳雄一［2023］「地域社会を DX する地域通貨入門」『NTT データホームページ』 〈https://www.nttdata.com/jp/ja/trends/data-insight/2023/1215/〉（2024 年 4 月 2 日）。

内田成紀［2024］「デジタル地域通貨」『日経 BP ガバメントテクノロジー』〈https:// project.nikkeibp.co.jp/jpgciof/atcl/19/00003/00019/〉（2024 年 4 月 2 日）。

大坂良宏［2015］「第 30 講 企業と地域経済」坂本恒夫・大坂良宏・鳥居陽介編， 現代財務管理論研究会著『テキスト現代企業論（第 4 版）』同文舘出版。

清成忠男・田中利見・港 徹雄［1996］『中小企業論』有斐閣。

総務省［2023］「地域が抱える課題・検討の論点について」『活力ある地域社会の 実現に向けた情報通信基盤と利活用の在り方に関する懇談会第 1 回 資料 1 - 1』2 頁〈https://www.soumu.go.jp/main_content/000919078.pdf〉（2024 年 3 月 23 日）。

総務省統計局［2024］「住民基本台帳人口移動報告 2023 年（令和 5 年）結果」〈https:// www.stat.go.jp/data/idou/2023np/jissu/youyaku/index.html〉（2024 年 3 月 25 日）。

地方創生 SDGs 金融調査・研究会［2024］「地方創生 SDGs 金融の推進に向けた基 本的な考え方」〈https://www.chisou.go.jp/tiiki/kankyo/pdf/sdgs_kinyu/fun damental2023.pdf〉（2024 年 5 月 2 日）。

鳥居陽介［2022］「第 6 章 滋賀銀行の責任銀行原則の戦略」野村佐智代編，日本中小企業・ベンチャー ビジネスコンソーシアム著『中小企業の SDGs―求められる変化と取り組みの実例』中央経済社。

鳥居陽介［2023］「地方銀行によるサステナブルファイナンスの推進と株式所有構造」『経営論集』第 71 巻第 1・2 合併号。

内閣官房まち・ひと・しごと創生本部事務局・内閣府地方創生推進事務局［2021］「まち・ひと・しごと創生基本方針 2021」〈https://www.chisou.go.jp/sousei/info/pdf/r03-6-18-kihonhousin2021hontai.pdf〉（2024 年 3 月 8 日）。

内閣府［2010］「平成 22 年版　高齢社会白書」〈https://www8.cao.go.jp/kourei/whitepaper/w-2010/zenbun/html/s1-3-clm4.html〉（2024 年 3 月 25 日）。

日本銀行調査統計局［2023］「都道府県別預金・現金・貸出金（国内銀行）〈2023 年 3 月末〉」。

日本経済新聞［2021］「『マネー地産地消』に貢献　飛騨信組，独自スマホ決済」2021 年 8 月 12 日付。

日本経済新聞［2024］「地方での資金需要　急拡大　第二地銀，預貸率 22 年半ぶり 8 割超」2024 年 1 月 31 日付朝刊。

林　幸治［2021］「第 2 章 ローカルな視点からの中小企業論の再考―『京都・地域企業宣言』―」林　幸治編，日本中小企業・ベンチャー ビジネスコンソーシアム著『新中小企業論』文眞堂。

索　引

執筆者紹介〔担当講〕※執筆順

鳥居　陽介〔編者，第1講，第13講，第14講，第24講〕
（編著者紹介参照）

落合　孝彦（おちあい　たかひこ）〔第2講〕
多摩大学経営情報学部教授

趙　　丹（ちょう　だん）〔第3講，第22講〕
朝鮮大学校経営学部教授

徐　　玉琴（じょ　ぎょくきん）〔第4講，第21講〕
目白大学短期大学部講師

坂本　恒夫（さかもと　つねお）〔第5講，第6講，第7講〕
明治大学名誉教授

鵜崎　清貴（うざき　きよたか）〔第8講〕
中村学園大学特命教授，大分大学名誉教授

境　　睦（さかい　むつみ）〔第9講，第17講〕
桜美林大学大学院国際学術研究科教授

文堂　弘之（ぶんどう　ひろゆき）〔第10講，第11講〕
常磐大学総合政策学部教授

趙　　彤基（ちょう　とうき）〔第12講，第19講〕
明治大学経営学部助教

澤田　茂雄（さわだ　しげお）〔第15講，第16講〕
常磐大学総合政策学部准教授

林　　幸治（はやし　こうじ）〔第18講〕
大阪商業大学総合経営学部教授

野村佐智代（のむら　さちよ）〔第20講〕
創価大学経営学部教授

菅井　徹郎（すがい　てつお）〔第23講〕
オフィスコモン 代表

《編著者紹介》

鳥居　陽介（とりい　ようすけ）

明治大学経営学部准教授，経営学博士
日本中小企業・ベンチャー ビジネスコンソーシアム会長，
日本経営学会幹事，証券経済学会幹事

〈主な著書〉
『株式所有構造の変遷と経営財務』中央経済社，2017年
『テキスト財務管理論（第6版）』中央経済社，2022年〔編著〕
『M&A と制度再編』同文舘出版，2010年〔共著〕
ほか

2004年 6 月 5 日	初 版 発 行	
2006年 3 月31日	初版 3 刷発行	
2007年 5 月20日	改訂版発行	
2011年 3 月22日	改訂版 3 刷発行	
2012年12月 1 日	第 3 版発行	
2015年10月15日	第 4 版発行	
2021年 5 月20日	第 4 版 5 刷発行	
2024年 9 月25日	第 5 版発行	略称：テキスト企業論(5)

テキスト　現代企業論
（第5版）

編著者	©鳥　居　陽　介
発行者	中　島　豊　彦

発行所　同 文 舘 出 版 株 式 会 社
東京都千代田区神田神保町 1-41　〒 101-0051
電話 営業 (03) 3294-1801　編集 (03) 3294-1803
振替 00100-8-42935 https://www.dobunkan.co.jp

Printed in Japan 2024　　　　製版：壮光舎印刷
印刷・製本：壮光舎印刷
装丁：オセロ

ISBN 978-4-495-37245-3